MULHERES NEGRAS, POBREZA E RACISMO

MARIA CRISTINA DE SOUZA

LETRAMENTO

Copyright © 2022 by Editora Letramento
Copyright © 2022 Maria Cristina de Souza

Diretor Editorial | Gustavo Abreu
Diretor Administrativo | Júnior Gaudereto
Diretor Financeiro | Cláudio Macedo
Logística | Vinícius Santiago
Assistente de Marketing | Carol Pires
Assistente Editorial | Matteos Moreno e Maria Eduarda Paixão
Capa | Gustavo Zeferino
Designer Editorial | Luís Otávio Ferreira

Todos os direitos reservados. Não é permitida a reprodução desta obra sem aprovação do Grupo Editorial Letramento.

Dados Internacionais de Catalogação na Publicação (CIP) de acordo com ISBD

S729m	Souza, Maria Cristina de
	Mulheres negras, pobreza e racismo / Maria Cristina de Souza. - Belo Horizonte, MG : Letramento, 2021.
	140 p. ; 14cm x 21cm.
	Inclui bibliografia.
	ISBN: 978-65-5932-253-4
	1. Mulheres. 2. Mulheres negras. 3. Pobreza. 4. Racismo. I. Título.
2022-3377	CDD 305.42
	CDU 396

Elaborado por Vagner Rodolfo da Silva - CRB-8/9410

Índice para catálogo sistemático:
1. Mulheres 305.42
2. Mulheres 396

LETRAMENTO EDITORA E LIVRARIA
Caixa postal 3242 — CEP 30.130-972
r. José Maria Rosemburg — n. 75 — b. Ouro Preto
CEP 31.340-080 — Belo Horizonte / MG
Telefone 31 3327-5771

editoraletramento.com.br • contato@editoraletramento.com.br • editoracasadodireito.com

Aos meus pais Alcebiades de Souza e Diva Ferreira de Souza fontes de carinho e saudade, torcedores de forma infinita em todos os momentos. A Vera Lucia de Souza inspiradora e torcedora, e a querida Maria Ângela de Figueiredo Queiroz.

"Os mortos são uns invisíveis,
e não uns ausentes"

(VICTOR HUGO)

AGRADECIMENTOS

Antes de começar devo adverti-los que entendo enquanto impossível a tarefa de ser justa em um processo de agradecimentos. Sempre se esquece alguém e nem sempre somos justas em adjetivar as palavras de forma necessária e justa a cada sujeito.

Agradeço a todas as pessoas com postura antirracistas no Brasil e no mundo, aqueles que nos ensinaram o caminho e aqueles que nos ensinaram a caminhar.

Agradeço por ser mais uma mulher negra no corpo docente de uma Universidade por saber que o aumento da presença negra na universidade só foi possível por políticas públicas que são extremamente necessárias, mas não suficientes para terminar com a desigualdade racial na educação.

Agradeço os integrantes do Grupo de Estudos Tula Pilar por todo o esforço e colaboração na realização deste trabalho, gratidão a Ana Carolina Pacheco Magalhães,

Ana Letícia Pereira Batista, Gabriel Ramos Nascimento Evangelista, Julia Danconi, Karla Martins Soares, Karoline de Rezende Santos, Paula Mara Morais e Sandra Maria dos Santos Paula Ferreira.

Agradeço a todas as mulheres negras que vivenciam situação de pobreza e em especial as que entrevistadas para este trabalho e relatadas como Mulheres Carolinas.

Aos imprescindíveis Cleier Marconsin, Fernando Oliveira, Márcia Eurico, Camila Potyara Pereira e principalmente as profissionais e amigas Gilvânia dos Santos Andrade , Marta Cristina dos Cardoso Barbosa, Denise Beatriz Rack que acompanharam e sugeriram pertinências e necessidades em partes do texto.

Ao amado sobrinho Murilo Antônio de Souza Roncolato por toda dedicação cumplicidade e torcida você é sempre imprescindível, gratidão eterna.

Ao querido Gabriel Andrade de Souza gratidão por todo trabalho realizado com carinho e dedicação.

Aos amigos e irmãos a obrigada pelo carinho e dedicação.

Aos sobrinhos gratidão pela sustentação que representam em minha vida, fontes de amor e carinho, amo vocês.

9   INTRODUÇÃO

15   CAPÍTULO 01.
POBREZA, GÊNERO E RACISMO:
UMA ARTICULAÇÃO PERVERSA
DENTRO DO CAPITALISMO

39   CAPÍTULO 02.
A ARTICULAÇÃO POBREZA, GÊNERO
E RACISMO NA CONCEPÇÃO DE
MULHERES NEGRAS USUÁRIAS
DE PROGRAMAS SOCIAIS

73   CAPÍTULO 03.
DESIGUALDADE SOCIAL E
DESIGUALDADE RACIAL

89   CAPÍTULO 04.
AS POLÍTICAS SOCIAIS E A
PERPETUAÇÃO DA POBREZA
E DO RACISMO

117   CONSIDERAÇÕES FINAIS

129   REFERÊNCIAS

"De manhã eu estou sempre nervosa. Com medo de não arranjar dinheiro para comprar o que comer. Mas hoje é segunda-feira e tem muito papel na rua. (...) O senhor Manuel apareceu dizendo que quer casar-se comigo. Mas eu não quero porque já estou na maturidade. E depois, um homem não há de gostar de uma mulher que não pode passar sem ler. E que levanta para escrever. E que deita com lápis e papel debaixo do travesseiro. Por isso é que eu prefiro viver só para o meu ideal. Êle deu-me 50 cruzeiros e eu paguei a costureira. Um vestido que fez para a Vera. A Dona Alice veiu queixar-se que o senhor Alexandre estava lhe insultando por causa de 65 cruzeiros. Pensei: ah! O dinheiro! Que faz morte, que faz odio criar raiz".

Carolina Maria de Jesus

"Percebi que no Frigorífico jogam creolina no lixo, para o favelado não catar a carne para comer. Não tomei café, ia andando meio tonta. A tontura da fome é pior do que a do alcool. A tontura do alcool nos impele a cantar. Mas a da fome nos faz tremer. Percebi que é horrível ter só ar dentro do estomago. [...] Resolvi tomar uma média e comprar um pão. Que efeito surpreendente faz a comida no nosso organismo! Eu que antes de comer via o céu, as arvores, as aves tudo amarelo, depois que comi, tudo normalizou-se aos meus olhos."

Carolina Maria de Jesus

"... todos os direitos civis surgiram dê repente e eu passei a ser ouvida sobre algo que eu sempre senti, quando eu era jovem eu sabia sobreviver como uma família negra, tínhamos que dar duro, tínhamos que manter segredo, nunca reclamamos por sermos pobres, por tirarem vantagens de nós ou por tirarem o que é nosso por direito. Tínhamos que permanecer calados porque eu cruzava a linha de trem todo sábado, então eu sabia que romper o silencio significava um confronto com os brancos da cidade"

Nina Simone

"Tenho dito e gosto de afirmar que a minha história é uma história perigosa, como é a história de quem sai das classes populares, de uma subalternidade, e consegue galgar outros espaços."

Conceição Evaristo

INTRODUÇÃO

No momento em que escrevo, um recrudescimento das relações baseadas na democracia assola o Brasil. Estamos a cada dia mais perto do autoritarismo formal, já que no dia a dia ele já se estabeleceu. Ouvimos todos os dias ameaças de golpe, direcionados ao Supremo Tribunal Federal, à Câmara dos Deputados e ao Senado Federal. Vivenciamos o auge das *fake news*, discussões sobre terra plana e se menina veste rosa e menino veste azul chamaram mais atenção do que o número de mortos e infectados pela Covid-19. Crescem os números de armas no país e o de desempregados, entre outras mazelas contra os trabalhadores, todas desafiadoras e injustas. Convivemos com a violência, o genocídio, o desemprego e a exposição às condições de pobreza e todos os rebatimentos atrozes dela decorrentes. Entre tantas coisas nefastas, o país está em segundo lugar em número de mortes por Covid e não vemos grandes esforços do governo federal para a efetivação de uma política de prevenção e de vacinação abrangente a todos.

O momento traz dificuldades a todos e causa maior danos à população que já vivenciava desvantagens em vários aspectos sociais. Em razão dessas atrocidades, ela sofre os rebatimentos do individualismo e da falta de ações efetivas do Estado. Neste contexto, as mulheres negras são as que mais sofrem os efeitos maléficos da conjuntura brasileira atual, são as mais vitimadas pelas atrocidades em curso.

Meses atrás, uma mulher negra chamada Dona Cleonice, que trabalhava como empregada doméstica, foi a primeira vítima de Covid-19 no Brasil, doença essa que foi transmitida a ela pelos patrões durante o trabalho. Essa morte foi um prenúncio ao que viria na sequência. Alguns puderam se proteger fazendo quarentena, enquanto muitos, principalmente os que não possuíam mão de obra qualificada, tiveram que se arriscar para garantir seu sustento. Enquanto "patroas" reivindicavam seus retornos por não se sentirem aptas ao trabalho doméstico.

Mirtes Renata Santana de Souza, uma empregada doméstica de Pernambuco, perdeu seu filho Miguel. Abandonado por sua patroa, o garoto caiu do 9º andar, enquanto Mirtes passeava com os cachorros da casa em que trabalhava. É um duro retrato do descaso da patroa para com o filho da empregada doméstica e, principalmente, por ela ser obrigada a deixar o filho sob o cuidado de terceiros para passear com cachorros. Mulheres negras em uma história que nos oferece analogias, já se viram obrigadas a deixar seus filhos para amamentar e, às vezes, ensinar os filhos da "sinhá" e na modernidade deixar seus filhos em casa e trabalharem como babás em outras residências.

Em outro caso, Madalena Gordiano foi libertada por ação do Ministério Público de uma situação análoga à escravidão que perdurou por 38 anos. Madalena deixou de estudar aos 8 anos de idade para realizar os trabalhos domésticos da casa, não tinha acesso a comida e materiais de higienes pessoais, além de não se remunerada pelos serviços prestados. A situação de Madalena, apesar de cruel, foi vivenciada por muitas famílias negras que devido à condição de pobreza, deixaram suas filhas durante a infância em casa das respectivas "madrinhas", que seriam a partir daquele momento encarregadas por sua educação em troca de serviços domésticos. Porém esse trabalho, além de configurar trabalho infantil e além da exaustão, eram realizados sem remuneração.

Estes são alguns dos poucos, entre tantos acontecimentos trágicos com mulheres negras que chamaram a atenção da mídia brasileira. São partes que exemplificam a necessidade de luta constante contra o racismo estrutural e suas marcas de dor e injustiça que deixa na vida de um povo inteiro e fundamenta os elementos que moldam a pirâmide social referendada pelas desigualdade racial. A necessidade de denunciar de várias formas as desvantagens que marcam a trajetória do povo negro brasileiro. Entre os negros, é marca das mulheres negras se destinarem ao trabalho servil e subalterno, que acontecem majoritariamente sem proteção social do Estado e sem remuneração e reconhecimento social justo. São questões que suscitam a necessidade de realizações de formas educativas que envolvam meios de comunicação, escolas, organizações sociais e universidade, para que aprendam e ensinem sobre as lutas da mulher negra nos movimentos sociais e em todos os âmbitos da sociedade. Embora se destaque a luta da mulher negra, a ela se junta a luta do povo negro; e à luta do povo negro, se junta a luta da classe trabalhadora, sem divisões, juntos, respeitando suas especificidades na luta.

Assim a sociedade está sempre em movimento, buscando mudanças engendrando formas de resistências, tecendo a luta conforme o momento histórico e conjuntural.

Ainda nesse momento do país, o rapper Emicida lançou o documentário Amarelo que, por mais que não seja possível descrevê-lo em sua totalidade de beleza e encanto, é possível ressaltar seu resgate histórico, ressaltando a contribuição de lideranças do movimento negro ao longo dos anos e seu brilhante apelo para que "eu fale, não as minhas cicatrizes", torna-se um chamado à luta contra o racismo, ao movimento individual e coletivo, à necessidade de mudanças de uma sociedade desigual racialmente que se propaga negando seu racismo e divulgando a falácia da "democracia racial".

É recente também a criação do grupo Coalizões Negras, formado por mais de 170 entidades do movimento negro que realizam ações conjuntas de incidência política nacional e internacional, na defesa do legado de resistência do povo negro, lutam produzindo saberes que corroborem pelo fim do racismo estrutural e seus efeitos nefastos: fome, morte, violência, desvantagens, sofrimentos, dores.

Há muitos profissionais, em especial assistentes sociais, lutando pela efetivação dos direitos sociais dos negros, à saúde, à moradia, à comida, a serem reconhecidos como cidadãos de direitos e merecedores.

Essa é a pretensão do escrito, ser uma ferramenta que auxilie nessa luta necessária e preeminente. Apresentar que uma questão tão aviltante quanto a pobreza também pode embaralhar e ocultar outras desvantagens relacionadas a gênero e raça. Ao abordar a pobreza, está envolvida a questão classe, a existência das situações de pobreza denuncia um projeto de classe e nesse sentido o recorte de gênero e raça apresentam o recorte preferencial do projeto capitalista.

Que os vitimizados, por não se entenderem como sujeitos de direitos, aumentam os argumentos daqueles que provocam as injustiças e/ou deveriam se ocupar de resolvê-las. Que nesse sistema, a pobreza, o gênero e a raça se entrelaçam formando uma articulação perversa, funcionam como barreiras oferecendo fundamentos religiosos, políticos e econômicos ao Estado e a sociedade para a perpetuação da miséria e das desigualdades existentes.

CAPÍTULO 01.

POBREZA, GÊNERO E RACISMO: UMA ARTICULAÇÃO PERVERSA DENTRO DO CAPITALISMO

"Quando Jesus disse para as mulheres de Jerusalém 'Não chores por mim. Chorai por vós' suas palavras profetizavam o governo do Senhor Juscelino. Penado de agruras para o povo brasileiro. Penado que o pobre há de comer o que encontrar no lixo ou então dormir com fome. Você já viu um cão quando quer segurar a cauda com a boca e fica rodando sem pegá-la? É igual o governo Juscelino!"

CAROLINA MARIA DE JESUS

O sistema capitalista é determinado pelas desigualdades sociais em que há uma classe que detém os meios de produção e outra apenas a força de trabalho. Ele é determinado pela exploração da força de trabalho e para manter essa dominação, divulga a individualidade e a concorrência como forma de diminuir, ou acabar com as desigualdades sociais. Assim as desigualdades sociais são alicerces que mantêm o apoio hegemônico a divisão em classes sociais dentro do capitalismo, assim no caso do Brasil, essa questão se torna ainda mais premente ao considerarmos a articulação entre capitalismo, sexismo, heterossexismo e o cruel racismo à brasileira, que tem no silenciamento uma de suas armas mais poderosas (MACHADO, BÁRBARA ARAÚJO, 2017, p. 05). Entre outras determinações para manter essa divisão de forma harmônica e consensual criam-se outras divisões nem sempre visíveis e ou expostas para o debate político, ideológico e social na sociedade. As intersecções[1], como

---

[1] "A interseccionalidade é uma conceituação do problema que busca capturar as consequências estruturais e dinâmicas da interação entre dois ou mais eixos da subordinação. Ela trata especificamente da forma pela qual o racismo, o patriarcalismo, a opressão de classe e outros sistemas discriminatórios criam desigualdades básicas que estruturam as po-

exemplo as de raça e do gênero, levam ao ocultamento da divisão fundamental em classes sociais. No interior das classes sociais, além da sua divisão entre os que possuem o capital e quem possui a força de trabalho, temos outras que aprofundam desigualdades existentes como a questão de gênero e racismo, que divide os trabalhadores entre mulheres e homens, heterossexuais ou homossexuais, brancos e negros entre outras divisões. As mais atingidas em razão do racismo e sexismo são as mulheres negras, por ser mulher e por ser negra. Assim, as desigualdades que estruturam todas as relações são as de classe, raça e gênero, sendo que outros aspectos da diversidade humana (como geração, religiosidade, capacitismo, etc.) podem ser lidos como desigualdades apenas a partir do contexto, não estruturando todas as relações (MACHADO, 2020, p. 37). De acordo com Nancy Fraser mesmo limitando concordâncias, os fardos da expropriação ainda recaem de maneira desproporcional sobre as pessoas não brancas, que permanecem muito mais propensas a pobreza, desabrigo, doença, violência, encarceramento e predação pelo capital e pelo Estado.

---

sições relativas de mulheres, raças, etnias, classes e outras" (CRENSHAW, 2002: 177). E essa definição deve se dar em diálogo com uma concepção materialista histórica das relações sociais, que busque compreender não apenas como as interseções entre raça, gênero e classe configuram uma dada "localização" individual, mas de que forma racismo, patriarcado/sexismo e capitalismo interagem para produzir a subjugação de alguns grupos humanos por outros. (Machado, Bárbara Araújo, 2017 pg 07). Ainda de acordo com Motta sobre o Nó, ver: SAFFIOTI, 2015.Ainda que o termo Interseccionalidade tenha sido cunhado em 1989 por Kimberle Crenshaw, a ideia da imbricação das relações de gênero, raça, classe e sexualidade já vinha sendo discutida entre ativistas afro-americanas e mulheres negras intelectuais, como Angela Davis, Bell Hooks, Audre Lorde, Patricia Hill Collins, entre outras ativistas. A origem dessa ideia está na busca por justiça social e liberdade, pensada a partir da situação de classe, raça e gênero. 9Motta, 2012, 41)

> Racismo e sexismo se articulam como relação de poder na dinâmica do capitalismo contemporâneo, em que o capital financeiro exerce uma força de atração em relação às demais esferas de produção econômica. Hoje devemos observar o papel da disseminação de padrões de consumo, da criação de novas subjetividades e das redes sociais como meios de propagação do ódio e da intolerância contra grupos sociais considerados minoritários. Marx já ensinava que capitalismo não é só relação econômica. É um conjunto de determinações ideológicas, jurídicas, administrativas e culturais. (NOGUEIRA, F., ano 10, n° 114, p. 4-5)

O conjunto de determinações ideológicas, jurídicas, administrativas e culturais asseguram e validalizam a estrutura econômica capitalista em todas as suas variações, assim pensar a superação deste sistema necessariamente perpassam a superação de suas determinações, sem que essa constatação determine hierarquias das lutas sociais. As determinações não são explícitas, mas justificadas em premissas ideológicas que omitem viés ideológico nos efeitos. Faz-se necessário enfatizar que a questão relacionada a classes sociais precisa estar presente em todas as abordagens, mesmo considerando que seus aspectos estão sempre contidos.

> As últimas décadas demonstraram uma efervescência no debate em torno da relação entre desigualdade e diversidade, sobretudo por conta dos questionamentos que ativistas dos movimentos Negro, Feminista e LGBT fizeram em torno das diferentes facetas da dominação na sociedade que vivemos. Nesse contexto, emergiram teorias para pensar as relações de poder de forma a não hierarquizá-las. Um dos dilemas para o feminismo marxista é refletir sobre a forma como lidar com tais teorias de maneira a ampliar as discussões dos processos históricos estruturais nas formações dos sujeitos, contribuindo com uma leitura das teorias imbricacionistas. (MOTTA., 2020, p. 40)

Formam-se vantagens e desvantagens[2] entre a classe trabalhadora, que antes de se pensar como tal é impelida a

---

2 A questão de vantagens e desvantagens utilizada no texto tem como referência a definição do movimento negro que reconhece a dominação

pensar-se como oponente e ou mais merecedor que outros segmentos e assim não se pensa na condição de explorados que envolve a todos.

Nesse sentido não se trata de hierarquizar os desencadeadores de desigualdades, mas de compreendê-las como confluências que se articulam para manutenção da sociedade de classes, embora, no capitalismo, a desigualdade se dê por questões econômicas, de gênero, cor, crença, círculo ou grupo social. Essa forma de desigualdade prejudica e limita o acesso à educação e saúde de qualidade, ao direito à propriedade, ao trabalho, à moradia, a se ter boas condições de transporte e locomoção, entre outros.[3]

> As organizações de esquerda têm argumentado dentro de uma visão marxista e ortodoxa que a classe é a coisa mais importante. Claro que classe é importante. É preciso compreender que classe informa a raça. Mas raça, também, informa a classe. E gênero informa a classe. Raça é a maneira como a classe é vivida. Da mesma forma que gênero é a maneira como a raça é vivida. A gente precisa refletir bastante para perceber as intersecções entre raça, classe e gênero, de forma a perceber que entre essas categorias existem relações que são mútuas e outras que são cruzadas. Ninguém pode assumir a primazia de uma categoria sobre as outras. (DAVIS, 1997, p. 12-13).

---

da classe trabalhadora existente na sociedade capitalista, o termo "vantagens" representa no texto os indivíduos mais poupados pelo sistema em virtude de gênero, raça e orientação sexual enquanto os em desvantagens são representados por aqueles que em função destas características encontram se fora dos aspectos relevantes ao sistema v acessos desequilibrados a tais recursos tornam-se portanto desigualdades acessos desequilibrados a tais recursos.

3 Baseado na análise de https://www.politize.com.br/desigualdade-social/

Concordando com Davis, a maioria da classe trabalhadora sob maiores desvantagens[4] é composta por mulheres e principalmente mulheres e homens negros[5]. As demais divisões cumprem o papel relevante de manter a superestrutura social imexível de forma que não se aperceba a divisão de classes sociais, sua perversidade e utilização. Assim, ao abordar classe trabalhadora é necessário compreender que dentro dela existem intersecções que a dividem e ocultam as desvantagens vivenciadas. Entre outras a existência do racismo e sua negação enquanto estruturante das relações sociais existentes, legitima as injustiças que embora atinjam a classe enquanto explorado socialmente pelo sistema, pela

---

4 Tomamos como conceito de desvantagens o conjunto de regras, normas e crenças sustentadas pela negação do racismo e a evolução do conceito de democracia racial para naturalizar a inferiorização dos negros com afirmações que os mantêm subalternados, ora sob a justificativa de incapacidade, ora falta de vontade, concordando com Danielle Mota dizem respeito a um acesso desproporcional aos recursos

Primordiais o acesso à educação, aos serviços públicos, aos serviços sociais, ao poder político, ao capital de financiamento, às oportunidades de emprego, às estruturas de lazer, e até ao direito de ser tratado equitativamente pelos tribunais de justiça e pelas forças incumbidas da manutenção da paz e o acesso aos bens materiais, como a propriedade e a renda. (Motta, 2012,38)

5 A população negra representa 54,9% da força de trabalho, 64,2% dos desocupados, 66,1% dos subutilizados e 45,3 % dos postos com menos remuneração. https://www.brasildefato.com.br/2020/02/13/o-perfil-da-classe-trabalhadora-hoje-e-os-desafios-da-esquerda Ainda Dos 10 aos 60 anos, as mulheres são mais de 40 milhões da população ocupada no Brasil, ou seja, cerca de quase metade da classe trabalhadora brasileira, sendo 20 milhões de negras [1]. Dentre os desempregados, até 2015, as mulheres são mais de 5 milhões, com maioria também de mulheres negras. 10,5% das mulheres brancas ocupadas trabalham sem carteira assinada, 11,8% das negras também. 18% das mulheres negras que trabalham são empregadas domésticas. Entre os precários e informais, sem estatísticas claras, as mulheres são a esmagadora maioria. https://esquerdadiario.com.br/A-classe-operaria-feminina-no-Brasil-hoje

estrutura vigente recai integralmente sobre o povo negro mantendo os índices de desigualdades. Por essas razões, a sociedade brasileira mantém o privilégio branco, que significa que mesmo no contexto de desigualdade de classe são mantidas as desvantagens do povo negro.

Nesse sentido o privilégio racial branco dentro da estrutura capitalista mantém entre outras determinações desigualdades raciais e injustiças decorrentes delas ocultas e sociologicamente justificadas. Para Gonzalez (1979):

> O privilégio racial é uma característica marcante da sociedade brasileira, uma vez que o grupo branco é o grande beneficiário da exploração, especialmente da população negra. E não estamos nos referindo apenas ao capitalismo branco, mas também aos brancos sem propriedade dos meios de produção que recebem seus dividendos do racismo. Quando se trata de competir para o preenchimento de posições que implicam em recompensas materiais ou simbólicas, mesmo que os negros possuam a mesma capacitação, os resultados são sempre favoráveis aos competidores brancos. E isto ocorre em todos os níveis dos diferentes segmentos sociais. O que existe no Brasil, efetivamente, é uma divisão racial do trabalho. Por conseguinte, não é por coincidência que a maioria quase absoluta da população negra brasileira faz parte da massa marginal crescente: desemprego aberto, ocupações "refúgio" em serviços puros, trabalho ocasional, [...] baixíssimas condições de vida em termos de habitação, saúde, educação.

Desta forma, está corroborada a ideia de que o privilégio branco atua como um fator silencioso, naturalizado no cotidiano que condiciona negros às piores condições de vida e garante aos brancos acesso facilitado a diversos tipos de vantagens sociais e oportunidades, e é fundamentado por normas e práticas preestabelecidas e aceitas sem questionamentos. O debate das desigualdades raciais é permeado pela questão da pobreza e dificuldades enfrentadas pelos brancos pertencentes a classe trabalhadora, porém existem poucos debates que apresentam que mesmo com todas as dificuldades vivenciadas pelos trabalhadores brancos aos negros além da injustiças pela exploração de classe se acrescenta os efeitos nocivos do racismo.

O racismo, embora não seja invenção do capitalismo, o sustenta de tal forma que ao gerar o privilégio de raças, oculta e ou diminui a resistência às consequências da divisão de classe. De acordo com Davis uma única condição social explorada pelo capitalismo e oprimida pelo racismo.[6]

> Enquanto uma estrutura social racista não é inerente a uma situação colonial, ela é inseparável do desenvolvimento econômico do capitalismo. A raça é inexoravelmente ligada a exploração de classe: em uma estrutura de poder racista-capitalista, a exploração capitalista e a opressão de raça são complementares: a remoção de um assegura a remoção do outro. (NKRUMAH, 2015)

Neste contexto, a pobreza e o racismo não são sinônimos, mas se somam aumentando as desvantagens dos trabalhadores em especial a dos trabalhadores negros. De acordo com relato das Nações Unidas, os desequilíbrios históricos continuam afetando grupos de discriminados. Isso faz com que gerações sucessivas herdem as desvantagens e os problemas de seus antecessores. Em reportagem da BBC,[7] diz-se que o racismo é um problema econômico e, como tal, combatê-lo deveria ser prioridade para todos os governos, inde-

---

6 O Racismo em nossa sociedade se dá de um modo muito especial: ele se afirma através da sua própria negação. Por isso dizemos que vivemos no Brasil um racismo ambíguo, o qual se apresenta muito diferente de outros contextos em que esse fenômeno acontece. O racismo no Brasil é alicerçado em uma constante contradição. A sociedade brasileira sempre negou insistentemente a existência do racismo e do preconceito racial, mas, no entanto, as pesquisas atestam que, no cotidiano, nas relações de gênero, no mercado de trabalho, na educação básica e na universidade os negros ainda são discriminados e vivem uma situação de profunda desigualdade racial. (Por Nilma Lino Gomes)

7 https://www.bbc.com/portuguese/brasil-48424611 acesso em 09/2020

pendentemente de sua orientação ideológica. Quem afirma é o economista mexicano Luis Felipe López-Calva, diretor regional para América Latina e Caribe do Programa das Nações Unidas para o Desenvolvimento (Pnud, agência focada no combate à pobreza e no desenvolvimento).

Essas questões emergem na sociedade de classe como expressões da questão social[8] de um sistema que não consegue esconder suas contradições. Pobreza é uma das manifestações da questão social, e dessa forma expressa as relações vigentes na sociedade, em que convivem acumulação e miséria. Ou seja, a mesma estrutura que permite a acumulação de alguns, para manter essa estrutura permite que outros permaneça na miserabilidade. Os "pobres" são produtos dessas relações, que produzem e reproduzem a desigualdade no plano social, político, econômico e cultural, definindo para eles um lugar na sociedade, funcionam como indicadores de uma forma de inserção na vida social, de uma condição de classe e de outras condições reiteradoras de desigualdade (YAZBEK, 2012). Segundo o sociólogo americano Herbert Gans (1996, p.10) "a pobreza é o resultado claro de forças sociais poderosas que decidiram por sua existência". Ainda, concordando com Iamamoto (2008, p. 16), "a pobreza não é apenas compreendida como resultado da distribuição de renda, mas referida à própria produção, são as relações entre as classes decorrentes da distribuição dos meios de produção que a estabelece".

---

8 De acordo com Lúbia Badaró a questão social, cuja gênese é o conflito capital-trabalho, possui atualmente expressões múltiplas pobreza, desemprego, violência, discriminação de gênero, raça, etnia e orientação sexual, trabalho precário, dificuldade de acesso à saúde, à educação e ao trabalho, falta de moradia, violação dos direitos das crianças e idosos), e como tal, carece da articulação de ações diversificadas capazes de inserir no jogo social e garantir direitos aos invalidados não só pela 'desfiliação', mas pela própria conjuntura histórica do país.í

Neste entendimento, a pobreza é construída através das relações de produção e acúmulo por ela gerado, sendo decorrente do desenvolvimento das forças produtivas da lógica capitalista, ganhando maior ou menor proporção em decorrência das especificidades impostas pelo modelo que impõe novos reordenamentos sociais ampliando e/ou minimizando, mas sempre necessária, a continuidade do capitalismo.

> Devemos lembrar que a pobreza é um processo resultante entre outras coisas de uma estrutura de desigualdades sociais historicamente presente na realidade brasileira, o que nos remete a nossa trajetória de construção da civilidade, da cidadania, da economia nacional, das relações de poder, enquanto responsabilidades legais e institucionais que resultaram nas atuais relações sociais e de trabalho, no trato com o que é coletivo, na capacidade de mobilização e luta da população, nas diferenças sociais, na cultura política que temos, na ausência de políticas públicas decentes, enfim em diversos fatores e situações que vivenciamos. Além disso, devemos considerar que estamos em um país de extensão continental, com diferenças culturais e regionais, climáticas e geográficas que devem ser também considerados na elaboração das políticas de enfrentamento à pobreza. (GODINHO, 2011)

O sistema coloca os indivíduos em situação de pobreza como culpados pela situação em que se encontra, assim o repúdio pela situação de destituição dos indivíduos é substituído pela discussão de falta de atributos dos mesmos. Ao conviver com a condição de pobreza, os indivíduos são percebidos como não-cidadãos, ou como pessoas que pela falta de atributos **não merecem direitos, o que irá configurar a forma de se entender a questão da pobreza em nossa sociedade.**

Experenciar a situação de pobreza na sociedade capitalista significa conhecer uma situação degradante, com falta de condições objetivas de atendimento de necessidades básicas, situando-se quase sempre fora dos direitos sociais. Além disso, há o sofrimento, com atitudes sociais que limitam lugares comuns destinados aos pobres, classificando-os como inadaptados e incapazes na sociedade.

Telles (2001) diz que as diferenças sociais são transformadas em hierarquias que criam a figura do subalterno, que tem o dever da obediência, e do inferior que merece a tutela, a desproteção, o favor, mas jamais os direitos, em que a persistente criminalização dos trabalhadores caminha junto com a imagem infantilizada daqueles que são vistos como não-responsáveis pelos seus atos, já que dominados pela desrazão alimentada pela ignorância e desordem moral associados à pobreza, em que a noção de vida é projetada do que se imagina ser a ordem moral das "classes esclarecidas", de tal modo que a pobreza é sempre vista como foco de uma incivilidade que descredencia o "pobre" como sujeito de direitos e o coloca aquém das prerrogativas que supostamente a lei deveria lhes garantir. Ressalta também que os sujeitos em situação de pobreza estão sempre associados a vadiagem e vagabundagem e por conta dessa etiquetagem negativa sua condição não mobiliza a opinião pública.

Assim o sistema capitalista além da questão de classe, propicia e coloca em situação de pobreza principalmente segmentos que estão fora da sua prioridade de desenvolvimento, no caso mulheres, população negra e por somar desvantagens de gênero, pobreza e racismo principalmente as mulheres negras.

A luta da mulher contra as amarras impostas pelo sistema capitalista e sua necessidade de manter as desigualdades de gênero, se dá no mesmo campo da luta dos trabalhadores, a esse segmento acrescenta-se maiores desvantagens já que na estratégia do capitalismo estão mais expostas as piores situações sociais e a poucas oportunidades. É no palco da luta de classes que se trava sua tarefa maior. O padrão dominante de relações de gênero, além dos papéis sociais diferentes assegurados a homens e mulheres na sociedade, propiciam uma estrutura social em que o poder patriarcal propicia uma pretensa superioridade masculina. Tratar esta realidade exclusivamente em termos de gênero distrai a atenção do poder do patriarca, em especial como homem/marido, 'neutralizando' a exploração-dominação masculina" (SAFFIOTI, 2004, p. 136).

Entre outras questões, a distinção de papeis entre homens e mulheres na sociedade capitalista, de forma desfavorável as mulheres, o homem em todas as fases do capitalismo, foi fundamental para com somente com sua força de trabalho produzir e manter o lucro do capitalista, enquanto a mulher mantendo o mundo privado, familiar auxilia-se nas condições psicológicas, sociais e políticas necessárias para o trabalho.

O conhecimento sobre as formas como as desigualdades de gênero[9] se produzem e reproduzem é condição para que elas possam ser enfrentadas, por meio da articulação da ação dos movimentos feministas e de mulheres, do Estado brasileiro, de organismos internacionais, acadêmicos, e de diversos atores sociais que juntos vêm construindo a igualdade enquanto uma realidade. O reconhecimento de que a vivência das desigualdades pelas mulheres é perpassada por

---

9 Apesar das diferentes áreas temáticas e correntes teóricas, há um consenso de que a categoria gênero abre caminho para um novo paradigma no estudo das questões relativas às mulheres. Enquanto o paradigma do patriarcado pressupõe papéis sociais rígidos, condicionados culturalmente pelas diferenças biológicas entre o homem e a mulher, a nova perspectiva de gênero enfatiza a diferença entre o social e o biológico como uma relação socialmente construída entre homens e mulheres, servindo como categoria de análise para se investigar a construção social do feminino e do masculino.

uma série de outras formas de iniquidades deve ser o ponto de partida para esta construção em curso.

Na atualidade alguns autores abordam a feminização da pobreza para nominar a elevação da proporção de mulheres entre os pobres ou elevação da proporção de pessoas em famílias chefiadas por mulher entre os pobres.[10]

> A pobreza contextualizada articulada às relações de gênero mostra que as mulheres constituem um grupo crescente entre os pobres das sociedades latino-americanas, não sendo diferente na sociedade brasileira. Nesta lógica, a precariedade da situação social das mulheres tem sido considerada como resultante da divisão sexual do trabalho, de menores oportunidades na educação, de situações de trabalho instáveis e com menor remuneração, de níveis inferiores de saúde e bem-estar, de reduzida participação nas decisões (tanto no âmbito privado como no público, mas, especialmente, neste) e de limitada autonomia pessoal. Elas têm mais anos de estudo, se dividem entre o trabalho e os cuidados com a casa, ganham menos e trabalham mais. (PIOSIADLO; FONSECA; GESSNER, 2014)

O documento "Mais igualdade para as mulheres brasileiras: caminhos de transformação econômica e social", divulgado pela ONU em 2014, afirma que o cadastro único para programas sociais do governo brasileiro evidenciou uma "feminização" da pobreza. De acordo com os dados, em 2014, o percentual de mulheres chefiando domicílios são maioria entre os beneficiários de programas sociais como Bolsa Família, Minha Casa Minha Vida e Programa Nacional

---

10 Relacionado ao IDH em relatório divulgado pelo PNUD em 2020 os índices indicam que quando se analisa o recorte de desigualdade de gênero. Somente por este recorte, o país ocupa a 95ª posição. São levados em conta fatores como mortalidade materna, gravidez na adolescência e cadeiras ocupadas por mulheres no Legislativo. Brasil é bem mais desigual do que outros países mais pobres da América Latina como Colômbia e México . https://www1.folha.uol.com.br/cotidiano/2020/12/no-primeiro-ano-de-bolsonaro-idh-avanca-lentamente-e-brasil-perde-posicoes.shtml

de Acesso ao Ensino Técnico e Emprego (PRONATEC). "Sem um combate específico na questão das mulheres pobres, das famílias chefiadas por mulheres, da renda familiar, e de atividades como o cuidado dos idosos e doentes, tudo o que fizeram de graça, que tem um custo enorme para a sociedade, têm que ser incluídas na elaboração de estratégias para a superação da pobreza feminina que se reflete da superação da pobreza da sociedade como um todo". [11]

A questão feminina não afeta um grupo minoritário. mulheres representam a metade da espécie humana. No Brasil, segundo dados publicados em 2010 pelo Instituto Brasileiro de Geografia e Estatística (IBGE) e que compõe Retrato das Desigualdades do IPEA, as mulheres estão presentes enquanto 52% da população brasileira, como também são elas as que mais estudam hoje. Dentro da classe trabalhadora, a mulher negra é a que sofre o mais alto grau de opressão: por ser negra, mulher e trabalhadora.

> As discriminações de gênero e raça não são fenômenos mutuamente exclusivos, mas, ao contrário, são fenômenos que interagem, sendo a discriminação racial frequentemente marcada pelo gênero, o que significa, portanto, que as mulheres tendem a experimentar discriminações e outros abusos de direitos humanos de forma diferente dos homens. (IPEA, 2011)

Dados da Pesquisa Nacional por Amostra de Domicílios (PNAD, IBGE 2010), publicados em setembro, nos mostra que as mulheres representam cerca de 46% do mercado de trabalho, é a maioria dos empregados na informalidade, representam mais da metade 53% daqueles que ganham até um salário-mínimo e estão entre os mais pobres, representando 70% das estatísticas. De uma maneira geral, as mu-

---

[11] https://www1.folha.uol.com.br/folha/dimenstein/noticias/gd1009 04d.htm

lheres têm remuneração média de até 30% menor que os homens para exercerem funções iguais.

Apesar da convenção de 1951 da **Organização Internacional do Trabalho** estabelecendo igualdade de remuneração entre homens e mulheres para uma mesma função, atualmente as mulheres representam apenas 10% da renda no mundo, apontou Wanda Engel, educadora, superintendente executiva do Instituto Unibanco e ex-chefe da Divisão de Desenvolvimento Social do BID (Banco Interamericano de Desenvolvimento), em entrevista à revista Época Negócios (2012, p. 5)[12]. "A pobreza no Brasil tem cara: é mulher, negra e nordestina", diz. O Brasil ajuda a piorar esse cenário. O país tem um dos maiores níveis de disparidade salarial, os homens ganham aproximadamente 30% a mais que as mulheres da mesma idade e mesmo nível de instrução, segundo estudo do BID (Banco Interamericano de Desenvolvimento). Considerando somente a raça, as populações indígena e negra ganha em média 28% menos que a branca.

Conforme o Ipea (2011, p. 19), ainda são percebidas situações de maior vulnerabilidade nos domicílios chefiados por mulheres, em especial, os por mulheres negras, quando comparados aos domicílios chefiados por homens. Os dados de rendimento[13], por exemplo, mostram que a renda domiciliar per capita média de uma família chefiada por um homem branco é de R$ 997, ao passo que a renda média numa família chefiada por uma mulher negra é de apenas de R$ 491. Do mesmo modo, enquanto 69% das famílias

---

12 http://epocanegocios.globo.com/Revista/Common/0,,EMI294946-1
6418,00-A+POBREZA+NO+BRASIL+TEM+CARA+E+MULHER+NEGRA+E+
NORDESTINA.html

13 (http://www.ipea.gov.br/retrato/pdf/revista.pdf) Retrato das Desigualdades de Gênero e Raça r

chefiadas por mulheres negras ganham até um salário mínimo, este percentual cai para 41% quando se trata de famílias chefiadas por homens brancos. A relação construída entre o racismo e o machismo permite às mulheres negras ocuparem o topo da pirâmide das desigualdades existentes, atualmente 63% das casas comandadas por mulheres negras com filhos de até 14 anos, com US$ 5,5 per capita ao dia, cerca de R$ 420 mensais. O índice representa mais que o dobro de pontos percentuais se comparado à média nacional, igualmente alarmante: 25% de toda a população está abaixo da linha da pobreza. Para mulheres brancas e com filhos, a proporção de casas abaixo da linha da pobreza é de 39,6%. Alguns dados corroboram a necessidade de recorte racial na discussão da mulher negra que na sociedade desigual enfrenta maior desigualdade.

> O feminicídio, isto é, o assassinato de mulheres por sua condição de gênero, também tem cor no Brasil: atinge principalmente as mulheres negras. Entre 2003 e 2013, o número de mulheres negras assassinadas cresceu 54%, ao passo que o índice de feminicídios de brancas caiu 10% no mesmo período de tempo. Os dados são do Mapa da Violência 2015, elaborado pela Faculdade Latino-Americana de Estudos Sociais. Uma evidência de que os avanços nas políticas de enfrentamento à violência de gênero não podem fechar os olhos para o componente racial. As mulheres negras também são mais vitimadas pela violência doméstica: 58,68%, de acordo com informações do Ligue 180 - Central de Atendimento à Mulher, de 2015. (OLIVEIRA, 2017)

Kimberlé Crenshaw (2002) alerta para o risco de ignorar a variável racial, ao introduzir o debate em torno da superinclusão e subinclusão da perspectiva de gênero. No primeiro caso, a perspectiva de gênero é totalitária e não permite identificar outras dimensões da discriminação. No segundo, os problemas vivenciados por mulheres de um determinado grupo racial não são considerados, tanto porque não são identificados como problemas das mulheres, ao não serem compartilhados com mulheres do grupo dominante, como também não são percebidos como relevantes para seu grupo racial, por não serem compartilhados pelos homens daquela população. No "Dossiê Mulheres Negras: retrato das condições de vida das **mulheres negras**[14] no Brasil" são apresentadas algumas problematizações para a superação das desigualdades raciais.

> (...) a unidade na luta das mulheres em nossas sociedades não depende apenas da nossa capacidade de superar as desigualdades geradas pela histórica hegemonia masculina, mas exige, também, a superação de ideologias complementares desse sistema de opressão, como é o caso do racismo. O racismo estabelece a inferioridade social dos segmentos negros da população em geral e das mulheres negras em particular, operando ademais como fator de divisão na luta das mulheres pelos privilégios que se instituem para as mulheres brancas. Nessa perspectiva, a luta das mulheres negras contra a opressão de gênero eA de raça vem desenhando novos contornos para a ação política feminista e anti-racista, enriquecendo tanto a discussão da questão racial, como a questão de gênero na sociedade brasileira. (CARNEIRO, 2015, p.3)

O racismo atua como um fator que atrapalha a unidade na luta, mesmo sofrendo desvantagens na estrutura sexista capitalista as mulheres brancas situam em condições melhores que as mulheres negras. Entre a população mais pobre no Brasil há a predominância da população negra, na qual, por sua vez, predominam as mulheres negras[15], as

---

14 https://www.ipea.gov.br/portal/images/stories/PDFs/livros/livros/livro_dossie_mulheres_negras.pdf

15 De acordo com reportagem do EL PAIS As mulheres pretas ou pardas continuam na base da desigualdade de renda no Brasil. No ano passado, elas receberam, em média, menos da metade dos salários dos homens brancos (44,4%), que ocupam o topo da escala de remuneração no país. Atrás deles, estão as mulheres brancas, que possuem rendimentos superiores não apenas aos das mulheres pretas ou pardas, como também

quais agregam desvantagens como menores renda e escolaridade e maior índice de famílias monoparentais. De acordo com a ativista e museóloga Rafaela Caroline, em matéria divulgada pela Rede Brasil Atual em 17/11/2017:

> As mulheres negras acumulam os piores indicadores sociais no Brasil. Os números apontam que elas são as mais pobres, as que têm menos oportunidades, que ganham menos e vivem em uma situação de praticamente, nenhuma mobilidade social, a mulher negra, em uma pirâmide social, está na base, então a dificuldade de ascender é maior.

A situação da mulher negra no Brasil de hoje é resultante da longa data da sua realidade vivida no período de escravidão, pois lamentavelmente ela continua em último lugar na escala social e é aquela que mais carrega as desvantagens do sistema injusto e racista do país. Inúmeras pesquisas realizadas nos últimos anos mostram que a mulher negra apresenta menor nível de escolaridade, trabalha mais, porém com rendimento menor. "Ser negra e mulher no Brasil, repetimos, é ser objeto de tripla discriminação, uma vez que os estereótipos gerados pelo racismo e pelo sexismo a colocam no mais baixo nível de opressão" (GONZALEZ, 1982, p. 97).

O documento produzido pela CEPAL em 2004 para *Comisión Económica para América Latina y el Caribe – CEPAL Proyectogobernabilidad democrática e igualdad de género en América Latina y el Caribe* **apontava como as desigualdades atuam na deterioração da saúde das mulheres negras mais expostas a pobreza.**

---

bém aos dos homens pretos ou pardos. Os dados fazem parte da pesquisa Desigualdades Sociais por Cor ou Raça publicada pelo Instituto Brasileiro de Geografia e Estatística (IBGE). https://brasil.elpais.com/brasil/2019/11/12/politica/1573581512_623918.html

"a pobreza explique o fato que a expectativa de vida das mulheres negras seja inferior à das brancas. A maioria das mulheres presentes na população nacional são brancas. Na população preta há uma surpreendente maioria masculina e nos pardos há um pequeno número a mais de mulheres. Assim, as condições de vida das mulheres negras contrariam a tendência mundial que as mulheres vivem mais que os homens. A precária situação da saúde sexual e reprodutiva, que está diretamente ligada à desigualdade de acesso aos serviços de saúde, talvez seja um dos fatores que evidencia que a maior mortalidade materna entre as mulheres negras."

O sexismo e o racismo[16] são ideologias geradoras de violência e estão presentes no cotidiano de todos os brasileiros: nas relações familiares, profissionais, acadêmicas e nas instituições, o que permite afirmar serem dimensões que estimulam a atual estrutura desigual, ora simbólica, ora explícita, mas não menos perversa, da sociedade brasileira.

---

16 Theodoro afirma que o Racismo em nossa sociedade se dá de um modo muito especial: ele se afirma através da sua própria negação. Por isso dizemos que vivemos no Brasil um racismo ambíguo, o qual se apresenta, muito diferente de outros contextos em que esse fenômeno acontece. O racismo no Brasil é alicerçado em uma constante contradição. A sociedade brasileira sempre negou insistentemente a existência do racismo e do preconceito racial, no entanto, as pesquisas atestam que, no cotidiano, nas relações de gênero, no mercado de trabalho, na educação básica e na universidade os negros ainda são discriminados e vivem uma situação de profunda desigualdade racial, quando comparados com outros segmentos étnico-raciais do país. (Por Nilma Lino Gomes) já o sexismo relaciona-se com a associação de determinadas capacidades a grupos ou indivíduos por causa do sexo a que pertencem. São então comportamentos que o sexo oposto tem, que se revelam na marginalização discriminação e mesmo na exclusão de outro género. Segundo estudos desenvolvidos, a partir da segunda metade do século xx, a mulher tem assumido uma posição abaixo do homem. Esta situação tem vindo a alterar-se desde que a mulher passou a ter de igual modo o direito de voto, de participação na vida política, de acesso à escolaridade, às profissões de topo e à decisão da sua própria vida e da vida familiar.

Estas dimensões articulam-se com a situação de classe, geracional e regional conforme afirma Soares (2008, p. 119).

> "É fato conhecido no panorama das desigualdades brasileiras que há uma desigualdade racial considerável no país. Pretos e pardos, doravante denominados negros, têm menos que a metade da renda domiciliar per capita de brancos. Trata-se de uma desigualdade particularmente detestável dado que, como tem sido destacado em inúmeros estudos, parte significativa dela não é atribuível a nenhuma medida de mérito ou esforço, sendo puramente resultado de discriminações passadas ou presentes."

Compreendemos também a pobreza como consequência de relação de poder de uma base firmada no racismo e no sexismo que também a mantem neste segmento de forma quase naturalizada, ou seja com poucas contestações. no entanto, é uma sociedade só pode progredir e desenvolver políticas públicas legítimas quando conhece as causas dos problemas de sua população e nesse sentido é fundamental reconhecer-se como sociedade racista e sexista. Os movimentos sociais, ONGs e alguns segmentos da sociedade tem buscado modificar essa relação injusta. Em especial queremos destacar duas intelectuais que já não se encontram neste plano e cuja contribuição foi e é fundamental, o destaque se dá principalmente por suas contribuições terem se dado durante o golpe militar, trata-se de Lélia Gonzalez e Beatriz Nascimento além de outras famosas e ou anônimas que tem se somado ao esforço no combate ao racismo e sexismo. Além de outras desvantagens a manutenção das situações de pobreza não são questões individuais e necessitam de alteração na forma de organização da sociedade.

E ainda o racismo "é uma forma sistemática de discriminação que tem a raça como fundamento, e que se manifesta por meio de práticas conscientes ou inconscientes que culminam em desvantagens ou privilégios, a depender ao grupo racial ao qual pertençam" (ALMEIDA, 2018, p. 25), no entanto, mesmo causando desvantagens a todo o povo negro, atinge de forma singular as mulheres negras por se somar ao viés sexista da sociedade. O racismo e o machismo contribuem com a dominação de classe e outros sistemas discriminatórios, provocam e sobrepõe desigualdades básicas que estruturam as posições relativas de mulheres, raças, classes e outras.

> "[...] A situação da população negra no país continua bastante vulnerável. A dependência da ação governamental é a contraparte da inexistência de mecanismos sociais, institucionais e legais que alterem a situação de desigualdade e possibilitem a inclusão da população negra nos segmentos mais dinâmicos e de maior renda no mercado de trabalho. Tal quadro vem reforçar a necessidade de implementação de políticas dirigidas para a população negra. Políticas que, em curto espaço de tempo, possam garantir uma maior equidade de oportunidade e de padrão de vida. (THEODORO, 2008, p. 98).

Assim concordando com Sueli Carneiro que o racismo rebaixa o status dos gêneros, portanto é necessário institui como primeiro degrau de equalização social a igualdade intragênero, tendo como parâmetro os padrões de realização social alcançados pelos gêneros racialmente dominantes. Ao politizar as desigualdades de gênero, o feminismo transforma as mulheres em novos sujeitos políticos. Para além da situação de machismo que assola as mulheres brasileiras:

> Essa condição faz com esses sujeitos assumam, a partir do lugar em que estão inseridos, diversos olhares que desencadeiam processos particulares subjacentes na luta de cada grupo particular. Ou seja, grupos de mulheres indígenas e grupos de mulheres negras, por exemplo, possuem demandas específicas que, essencialmente, não podem ser tratadas, exclusivamente, sob a rubrica da questão de gênero se esta não levar em conta as especificidades que definem o ser mulher neste e naquele caso. (...)Isso é o que determina o fato de o combate ao racismo ser uma prioridade política para as mulheres negras, assertiva já enfatizada por Lélia Gonzalez, "a tomada de consciência

> da opressão ocorre, antes de tudo, pelo racial". A fortiori, essa necessidade premente de articular o racismo às questões mais amplas das mulheres encontra guarida histórica, pois a "variável" racial produziu gêneros subalternizados, tanto no que toca a uma identidade feminina estigmatizada (das mulheres negras), como a masculinidades subalternizadas (dos homens negros) com prestígio inferior ao do gênero feminino do grupo racialmente dominante (das mulheres brancas. (CARNEIRO, 2003, p. 119)

À Folha de Pernambuco (2018)[17], a coordenadora do GT Racismo do Ministério Público de Pernambuco (MPPE) e procuradora de Justiça Maria Bernadete Azevedo, pontuou como "a mulher negra tem demandas e aspirações específicas". "Dados da Organização das Nações Unidas (ONU) mostram que, dos 25 países com maior índice de violência contra a mulher negra, 15 estão localizados na América Latina e no Caribe", afirmou. No Brasil onde as desigualdades raciais não possuem o destaque necessário na agenda pública e onde a discussão de gênero ainda ganham entraves inclusive no âmbito do Estado, os efeitos permanecem principalmente em forma de pobreza. Os efeitos do racismo acentuar ainda mais as desigualdades de gênero, de acordo com Carneiro (2003):

> O racismo estabelece a inferioridade social dos segmentos negros da população em geral e das mulheres negras em particular, operando ademais como fator de divisão na luta das mulheres pelos privilégios que se instituem para as mulheres brancas. Nessa perspectiva, a luta das mulheres negras contra a opressão de gênero e de raça vem desenhando novos contornos para a ação política feminista e anti-racista, enriquecendo tanto a discussão da questão racial, como a questão de gênero na sociedade brasileira.

---

17 https://www.folhape.com.br/noticias/mulher-negra-uma-data-contra-o-racismo-e-o-sexismo/75794/

No sistema capitalista baseado na desigualdade de classes a junção pobreza e racismo suscita várias discussões. Uma das mais relevantes são os poucos questionamentos da opinião pública para essa situação.

O machismo existente faz com que a opinião pública questione pouco o conjunto de desvantagens das mulheres na organização social existente, afinal o poder é patriarcal e para o senso comum as mulheres desempenham um papel secundário nessa organização.

Com relação ao racismo as teorias racistas que justificam as desvantagens dos negros corroboram o perfil amplamente divulgado das pessoas em situação de pobreza, assim justifica-se ao senso comum a existência da maioria da pessoas em situação de pobreza serem negras, essa articulação perversa além de patrocinar injustiças ao povo negro, prejudica toda a classe trabalhadora, dificultando o entendimento da perversidade que significa uma sociedade dividida em classes e jogos de interesses que existem para manter essa dominação e a divisão e subordinação dos que detém apenas a força de trabalho.

Assim a articulação perversa representada pela trilogia gênero, raça e classe e na questão classe se coloca nas piores das desvantagens representada pelas situações de pobreza precisa ser desnudada aos sujeito e a toda sociedade, já que uma dominação fortalece a outra em um processo interseccional perverso que mantem subalternidade e dominação.

CAPÍTULO 02.

A ARTICULAÇÃO POBREZA, GÊNERO E RACISMO NA CONCEPÇÃO DE MULHERES NEGRAS USUÁRIAS DE PROGRAMAS SOCIAIS

"Escrevo a miséria e a vida infausta dos favelados. Eu era revoltada, não acreditava em ninguém. Odiava os políticos e os patrões, porque o meu sonho era escrever e o pobre não pode ter ideal nobre. Eu sabia que ia angariar inimigos, porque ninguém está habituado a esse tipo de literatura. Seja o que Deus quiser. Eu escrevi a realidade."

CAROLINA MARIA DE JESUS

MULHERES CAROLINAS

Para garantia de anonimato às entrevistadas dei a elas o nome de Mulheres Carolinas. A intenção **é a** de homenageá-las fazendo referência à garra e força de Carolina. **São mulheres** da periferia, vivenciando barreiras da invisibilidade advindas situações de pobreza e racismo, silenciadas sobre todos os aspectos, gênero, raça e classe e sem compreender a articulação perversa que isso representa, sempre consideradas "diferentes" se não apresentam personalidades subalternas, adequadas ao esperado pelo sistema. Nos impulsiona a compreensão que esse silenciamento e a colaboração involuntária são armadilhas que atrapalham, desumaniza, impede esperança e sonhos. Ao mesmo tempo absorvem as desvantagens vividas culpabilizando-se por não alcançar o êxito proposto pelo sistema capitalista.

Discorrer sobre Carolina Maria de Jesus é lembrar como uma mulher negra e pobre conseguiu driblar o caminho esperado para a sua trajetória, romper a articulação perversa e demonstrar seu talento. Carolina, em minha apreensão, também foi vítima do racismo estrutural existente no Brasil, que chegou a atrapalhar o reconhecimento integral da sua produção literária completa. Existem relatos em sua biografia que ela foi inclusive chamada de louca por conta de suas roupas exuberantes e temperamento instável. Logo após a edição do livro "Quarto de Despejo", houve tentativas de modificar suas vestimentas hábitos e costumes, e que sua resistência em se adequar atrapalhou o sucesso imediato.

> É sobre essa realidade que algumas pessoas riem e outras não se importam, que Carolina escreveu. Ela denunciou a devastação que o racismo, a misoginia e a miséria fazem na vida de milhares. Seu livro Quarto de Despejo foi publicado em mais de 40 países, traduzido para 14 línguas e se espalhou pelo mundo porque não é apenas sobre ela e sim sobre muitos. Carolina dizia usar a escrita como mecanismo de vingança, pois contaria todo malfeito a ela. Das ofensas e violências e dos sonhos não realizados, dentre eles ser professora. (MARIA, 2021)

Quando Carolina conseguiu a tão sonhada casa de alvenaria os vizinhos "estranharam" sua família, seus amigos que segundo relatos frequentavam a sua casa, essa questão tornou-se desapontamento que ela mudou de casa para um sítio, todo esse desapontamento é relatado no livro "Casa de Alvenaria". Também tentou sem êxito reconhecimento individual, escrevendo para autoridades junto as autoridades no poder naquele momento, dando sugestões e opiniões a política em curso, muitas permanecem como fragmentos em livros.

Todas essas situações inviabilizaram o sucesso da escritora naquele momento, fez com que fosse chamada de mau humorada e louca. Até sua morte, **não teve grande reconhecimento financeiro** e sua obra teve dificuldade para publicação, demonstrado na repercussão tardia do conjunto da sua obra. No entanto observa-se uma repercussão negativa da pessoa de Carolina, não da sua obra literária, o que demonstra a questão que as mulheres negras, devido ao racismo existente também é fundamental apresentar uma total adequação ao sistema para ter acesso a oportunidades.

Na infância, foi presa duas vezes, uma delas por conta de um livro de São Cipriano que no entendimento das "autoridades" estava ligado a magias, também foi acusada indevidamente de roubo, o que a fez mudar de cidade devida a decepção por ser caluniada. Aqui constam apenas alguns acontecimentos da vida de uma mulher que enfrentou com altivez e coragem um entrelaçamento de desvantagens que envolvem pobreza, gênero e raça. Carolina tem a vida marcada pelas tentativas de romper com o silenciamento e a invisibilização que cercam as mulheres negras, sua força, sua coerência, sua constância nos serve de bussola em uma sociedade onde o racismo é constante nas relações apesar de negado.

De acordo com Vera Eunice, sua filha, falar da obra de sua mãe é ajudar outras pessoas a reconhecerem sua própria força. "Carolina é a força dos negros. Ela é a força da mulher negra, que não é passiva, sem cultura. O que ela era lá trás, vejo muitas meninas hoje, nas palestras que dou em escolas, querendo ser também". Embora as mulheres negras em situação de pobreza não se reconheçam como fortes e capazes de fluir um novo destino, elas reconhecem em seus filhos a possibilidade de esperanças e êxitos dentro do sistema capitalista.

Essa publicação demonstra o quanto ser negra e pobre foi determinante também pelos insucessos da carreira de Carolina. Em um curso denominado A atualidade de Carolina Maria de Jesus no dia 17 a 20/08/2020 sobre Carolina, seu biógrafo Tom Farias relatou o quanto foi difícil para ela a questão de vestimenta no bairro de classe média em que passou a morar e o quanto buscaram interferir nisso, o que demonstra o sentimento de inadequação vivenciado pelas mulheres negras. É comum na vida das mulheres negras relatos relacionados a críticas quanto a roupas, cabelos, batons, enfim, todo modo de ser e agir. Também sempre mencionado por mulheres negras a "dificuldade de adaptar-se" a bairros de classe média por nunca serem compreendidas como moradoras, mas como prestadoras de serviço. Outra questão sempre abordadas em literaturas sobre o tema é a questão de ter um "temperamento difícil", questão que marca as mulheres negras que questionam imposições sociais impostas. Seu biógrafo também descreve essas dificuldades relacionadas ao temperamento "indócil" de Carolina.

Não quero, assim, generalizar Carolina. Ela é única, talentosa e admirável, mas entendo que podemos tomar emprestado seu exemplo como estratégia às mulheres negras e pobres, como ela conseguiu e perseguiu por tanto tempo seu sonho em um ambiente tão adverso? Como preservou sua insubordinação e indignação? Enfim, o que podem as mulheres negras realizarem tendo como referência Carolina? O que a fez persistir em meio a tantas dificuldades e distinções? O que sua trajetória pode emprestar as mulheres negras em situação de pobreza?

Nessa perspectiva a fala das entrevistadas demonstra o quão necessário é que todos os esforços dos movimentos sociais, dos profissionais que trabalham com políticas sociais, dos engajados na criação de uma sociedade antirracista compreendam o quanto suas perspectivas se aproximam das doutrinas do conservadorismo demonstrados principalmente nos entendimentos de pobreza e racismo que elas apresentam. Seus relatos, soluções, alternativas são todas paliativas, com uma preocupação central de demonstrar a necessidade dos sujeitos em situação de pobreza se adequarem a ordem estabelecida, as adversidades viventes. Existe uma adequação e uma subordinação a ordem vigente, onde os excessos e as desvantagens têm que ser assumidos pelos indivíduos diante da sua inadequação perante o sistema, ao mesmo tempo, não aparece uma forma de luta e ou uma instituição a que possa recorrer, tudo parece firme e estático. Poucos questionamentos com relação a forma como a sociedade está organizada, concentração de renda, injustiça social.

Entrevistamos 4 mulheres residentes no município de Uberaba, que se declararam negras em situação de pobreza, e que estavam inscritas em programas sociais.[18] Três das entrevistadas tinham o primeiro grau completo; uma delas, o superior completo. Todas estão na faixa etária entre 30 e 40 anos, se declararam casadas (não questionadas se formal ou união estável) e com filhos; uma, além de filhos, tinha um neto. Um se disse de religião evangélica; uma, espírita; uma, católica; e a última, da umbanda. Todas inscritas em programas sociais de transferência de renda.

No decorrer da entrevista elas abordaram o passado como fonte de sacrifício e período de luras e sacrifícios e o presente como fonte de possibilidades e esperanças. Os filhos são descritos enquanto possibilidades de um futuro mais promissor, o casamento também é muito valorizado. Sobre a falta de oportunidade no mercado de trabalho são sempre descritas por "inadequação na aparência", dentição, vestimentas inadequadas e ou falta de escolaridade compatível com postos de trabalhos mais relevantes. Embora não abor-

---

18 As entrevistas foram realizadas em duas EMEIs de Uberaba, as entrevistadas foram pessoas interpeladas pelas gestoras quanto a serem usuárias de programas sociais de combate a pobreza, que se auto identificaram como negras e pobres. A escolha do objeto de pesquisa surgiu em reuniões do Grupo de Pesquisa Tula Pilar formado coordenado pela docente e discentes do curso de Serviço Social da UFTM e vinculado ao Núcleo de Pesquisa Pobreza e Cidadania registrado no CNPQ.

dado diretamente, não aparecem sonhos e esperanças relacionadas a si próprias, o futuro e as esperanças são reservados a família, quem são elas? São Carolinas que precisam viver plenamente.

A entrevista tratou da questão da pobreza e seus vínculos com a sociedade capitalista, a existência ou não do racismo no Brasil e a existência de vínculos entre racismo e pobreza. Suas falas traduzem o silenciamento relacionado ao racismo, assim como a naturalização da dominação, exploração imposta pelo capitalismo.

As entrevistadas em sua totalidade demonstram como as condições das múltiplas formas de desvantagens são compreendidas por elas, o entendimento de pobreza enquanto escassez, falta de renda e de alimentação, e falta de acesso a infraestruturas básicas, como água e esgoto. É predominante referirem a si e à família como não pobres[19] compreendendo enquanto a total destitui existentes em suas vidas no passado quando faltava acesso a qualquer tipo de alimentação e quando suas condições de moradia lhes colocavam em risco. Uma das entrevistadas disse:

> "Já fui para a escola só com mandioca no estômago, com fome, em casa não tinha arroz, não tinha feijão, não tinha farinha. Quando tinha farinha e açúcar, eu dava uma molhadinha nela e comia com açúcar. Não fui criada tomando leite, tinha o bolsa família, mas a minha mãe na época não conseguiu para mim"

Outra entrevistada entende que pobreza é a total destituição de sobrevivência biológica. *"Pobreza eu acho que é pobreza mesmo. Quando você não tem uma roupa, um calçado,*

---

19 Embora elas se apresentaram inicialmente como pobres no decorrer das entrevistas se afirmaram como não pobres como forma de explicar os esforços realizados para melhorar a situação de pobreza. Neste sentido não entendemos como contradição, mas como um equívoco no conceito de pobreza e como absorção das explicações do senso comum na sociedade do pobre enquanto acomodado e inadequado.

uma comida para comer, mas se você tiver um arroz, um feijão e um tomate já está bom. Pobreza é quando você não tem nada mesmo", declarou.

Uma das entrevistas revelou esperança de melhoria. Sua filha estava indo à escola com o tênis furado, mas sabendo que aquela era uma situação temporária em razão do benefício do Bolsa Família. *"Um* mês *compro pra um filho, em outro mês para o outro. Comem todo dia com mistura. Eu, quando criança, era pobre, pobre mesmo. Tinha a casa da minha mãe, depois a casa da minha vó, tudo os terrenos assim perto. Quando um passava dificuldade que ia procurar no outro, o outro estava do mesmo jeito. Hoje eu falo assim para os meus filhos: 'vocês tem que dar graças a Deus'"*, disse.

Outra entrevistada disse que pobreza é "não ter nada para comer, vender o almoço para tentar adquirir a janta, não conseguir pagar um aluguel, não ter acesso a água e luz. É a pessoa não ter nada mesmo, ser tipo um mendigo", concluiu, também relaciona pobreza a falta de condições de sobrevivência biológica.

Outra questão apontada foi a falta de apoio dos governantes. Para a entrevistada, *"se houvesse um programa, alguma coisa para incluir, tipo fazer uma horta coletiva, ajudaria"*. Questionamos sobre o hipotético cenário em que todas as pessoas em situação de pobreza fossem incluídas no programa de horta coletiva: como seria? Com força de vontade, a maioria iria aderir, ela respondeu.

Outra entrevistada explicita a culpabilização sobre indivíduos pelas condições de pobreza: *"a pobreza é falta da pessoa procurar o que fazer, fala que é pobre mas não caça um jeito de fazer uma faxina, fazer alguma coisa"*. É neste campo que reside toda a perversidade desta concepção: os pobres que conseguem manter sua sobrevivência biológica não são considerados e/ou não se visualizam como pobres, mas como detentores da fórmula eficaz de sobrevivência nesta sociedade, ao mesmo tempo por conseguirem manter a sua sobrevivência são considerados exitosos, não há questionamentos sobre riqueza e pobreza na sociedade apenas naturalização e conformidade. Assim tornam-se divulgadores desta fórmula que perpassa os atributos que falta aos outros – como êxito, estudo, capacidade – mas nunca como indivíduos vitimizados. Assim a ação do Estado deve ser complementar e provisória aos esforços dos indivíduos e suas famílias, se forem "bons, esforçados".

Também foram mencionados outros tipos de pobreza que afetam inclusive pessoas a quem *"não falta nada"*: *pobreza de espírito, não tem alegria, reclama de tudo"*.

Sobre a existência da pobreza, as explicações reiteram a culpabilização dos indivíduos pela situação de pobreza, há menções à falta de solidariedade das pessoas, de obras sociais, bem como a inaptidão dos indivíduos ao trabalho ou grandes esforços. Os políticos são descritos como ambiciosos e corruptos que deveriam reservar parte dos seus excedentes para auxiliar os "pobres merecedores" com mais oportunidades. *"Os pobres não têm esperança de conseguir um emprego para dar o de melhor para os filhos"*, diz a entrevistada que estudou até a 6ª série, não tem profissão definida, mas entende que o trabalho poderia garantir um salário que desse boas condições aos filhos: *"gerasse uma empresa para priorizar os pais que tem Bolsa Família, contratar essas pessoas para trabalhar, dar uma oportunidade"*. Tal proposta, segundo ela, valeria para os "pobres que têm vontade de trabalhar", já que a maioria das pessoas em situação de pobreza, nesta narrativa, encontra-se nessa condição por falta de disposição para o trabalho: *"Se as pessoas buscassem o que fazer não teria mais pobreza, porque tem muita gente que acha que recebe o bolsa família e não precisa mais trabalhar"*.

As entrevistadas em sua totalidade assimilam a mística liberal capitalista sobre o pobre e a pobreza. As consequências da pobreza e as situações altamente destrutivas que envolvem as pessoas nessa situação na sociedade liberal são exacerbadas em função da ideia de que o êxito econômico é explicado como decorrente da meritocracia[20]. Ou seja, parece ser o pobre, ao invés de ser a pobreza, o problema da sociedade. Discute-se menos as raízes do fenômeno pobreza e muito mais o pobre como causador das questões que ela lhe impõe.

Ser pobre, assim, está associado às mazelas da sociedade como ser o causador da violência urbana, da fome, da falta de recursos suficientes para políticas públicas, entre outras questões. São os pobres que, em decorrência de sua não *adaptação* ao sistema causam permanentes *problemas* sociais à sociedade[21], e se configuram marcas políticas e sociais diferenciadas que impregna a discriminação social contra grupos vulneráveis pela pobreza e os transformam num senso comum não como vítimas de um sistema político, econômico e social, mas como males deste sistema.

A subalternidade em que o sistema coloca os indivíduos que se encontram em situação de pobreza é substituída pela

---

20 Para a classe pobre o mérito nunca foi solução; ela vive travada pela falta de oportunidades, de condições ou pelo limitado potencial individual. Assim, ser meritocrata implicaria não só assumir que o seu insucesso é fruto da falta de mérito pessoal, como também relegar apenas para si a responsabilidade pela superação da sua condição. E ela sabe que não existem soluções pela via do mérito individual para as dezenas de milhões de brasileiros que vivem em condições de pobreza, e que seguramente dependem das políticas públicas para melhorar de vida. Então, nem pobres nem ricos tem razões para serem meritocratas. http://www.emdialogo.uff.br/content/meritocracia-cotas-e-classe-media

21 Grifo nosso para enfatizar que são termos positivistas empregados pelos liberais para rotular as pessoas em situação de pobreza.

discussão de falta de atributos dos mesmos. As disparidades econômicas, políticas e culturais causadas pela privação de sua cidadania, ficam em segundo plano nas discussões. Ao conviver com a condição de pobreza, os indivíduos são percebidos como não cidadãos ou quase cidadãos.

> "O Brasil é um país doente, patologicamente doente pelo ódio de classe. Isso é o mais característico do Brasil: o ódio patológico ao pobre. É a doença que nós temos. A gente nunca assumiu a autocrítica de que somos filhos da escravidão, com todas as doenças que a escravidão traz: a desigualdade, a humilhação, o prazer sádico na humilhação diante dos mais frágeis, o esquecimento e o abandono da maior parte da população." (SOUZA, 2018)

Pobreza para muitas pessoas está associada à destituição de todos os meios de sobrevivência. É considerado pobre o indivíduo que não possui condições de manter sua sobrevivência biológica de forma autônoma, necessitando, para se manter, de auxílio de terceiros: o Estado, entidades filantrópicas, sociedade civil, os quais devem, nesta lógica, encará-lo como indivíduo merecedor (ou não) desse auxílio.

Neste sentido este julgamento moral deve perpassar: seu esforço próprio em manter-se por condições próprias, razões pessoais que o levaram a esta condição, atributos morais vigentes que o mesmo possui. Permeia-se uma concepção de causas e problemas individuais. Desta forma, o auxílio deve ser sempre aquém para que o indivíduo "não se acomode".

Assim, enquanto pobreza aparece para as entrevistadas enquanto escassez e falta de condições de sobrevivência biológica, superável pelo esforço individual e aptidão ao trabalho, o racismo é descrito enquanto manifestações de preconceito e discriminação que devem ser ignorados ou tratados com indiferença, caso contrário criariam situações desnecessárias. Ambos são vistos como problemas individuais solúveis apenas pela boa vontade, não requerendo uma ação da sociedade e do Estado no seu combate.

Perguntamos se o fato de serem negras aprofunda as consequências da pobreza e as respostas reiteram a mística de democracia racial[22] e do chamado racismo reverso[23].

---

22 De acordo com Rayner Sousa, na obra "Casa Grande & Senzala", de Gilberto Freyre, o conceito de democracia racial coloca a escravidão para fora da simples ótica da dominação. A condição do escravo, nessa obra, é historicamente articulada com relatos e dados onde os escravos vivem situações diferentes do trabalho compulsório nas casas e lavouras. De fato, muitos escravos viveram situações em que desfrutavam de certo conforto material ou ocupavam posições de confiança e prestígio na hierarquia da sociedade colonial. Os próprios documentos utilizados na obra de Freyre apontam essa tendência. Porém, a miscigenação não exclui os preconceitos. Nossa última constituição coloca a discriminação racial como um crime inafiançável. Entre nossas discussões proferimos, ao mesmo tempo, horror ao racismo e admitimos publicamente que o Brasil é um país racista. Tal contradição indica que nosso racismo é velado e, nem por isso, pulsante. Queremos ter um discurso sobre o negro, mas não vemos a urgência de algum tipo de mobilização a favor da resolução desse problema.

23 A expressão surgiu nos Estados Unidos durante o movimento dos direitos civis dos negros - luta da comunidade afro-americana por igualdade e garantias no país -, na década de 1960. À princípio, era mais corriqueiro o uso do termo 'racismo negro', em referência a grupos como, por exemplo, os Panteras Negras, e ganha força na década de 1970, em resposta às políticas de ações afirmativas nascidas na época. De acordo com as pesquisadoras Michelli Oliveira e Nathália Costa, o racismo inverso não é. Isso decorre de um entendimento limitado acerca das expressões racismo, preconceito e discriminação. Um negro pode até ser preconceituoso em relação a um branco, o que normalmente é um caso isolado, mas isso não muda a estrutura racial brasileira. Brancos não deixarão de ter poder e privilégios por causa disso. Não retira nem o poder, nem os privilégios da branquidade. O racismo é uma questão estrutural que está veiculada diretamente ao princípio do poder, dos direitos e da regulação e exploração da vida e da morte. Quem acredita em racismo inverso crê que há um racismo bom e ideal (o antinegro) e um racismo mau (anti-branco). Ou seja, não vê o racismo como um mal

Importante observar a exclusividade do trabalho como solução para as consequências da pobreza e as situações de manifestações do racismo como resolvíveis.

> *"Acho que sim é como eu disse é negro pobre não dá uma oportunidade para você, entendeu? As pessoas, assim as vezes nós mesmo somos preconceituoso, eu estava trabalhando antes e eu perguntei para a mulher se ela não tinha racismo por eu ser negra por conta do jeito que ela estava me tratando, acabou que eu sai de lá não aquentei não, porque assim ela ia me pagar para trabalhar na casa dela e tinha uma faxineira que era branca, só eu de negra por la e assim eu via maneira que ela tratava a mulher que era branca e o jeito que ela me tratava , então aquilo estava me oprimindo eu peguei e deixei o trabalho. Ela quis dizer que não, que não era hoje de manhã uma senhora estava fazendo caminhada e eu estava do outro lado da rua, ela veio andando devagarzinho sempre olhando em mim e ela é branquinha essa senhora, e eu me perguntando, Deus do céu será porque que ela está me olhando tanto? As vezes também a gente não pode dizer nada porque a gente não sabe né? A gente fica incomodada, eu me incomodo."* (**Carolina 1**)

Mesmo com todas as situações descritas e com um relato que apresenta uma mistura de impotência e indignação diante das manifestações de racismo a entrevistada culpabiliza os negros por sentir a situação de racismo, é o negro que ao constatar a situação de racismo causa o racismo? Ao constatar a existência do racismo os indivíduos devem ignorá-lo ou negar sua existência pela dificuldade de comprovação, o que chamamos de silenciamento do racismo que reitera o mito da sua inexistência e do país da democra-

---

em si. Acha o racismo antinegro normal e natural. Acha que praticar o racismo ou viver numa sociedade racista é um direito e um privilégio adquirido inclusive para o seu prazer. Ódio, violência e morte fazem parte desse repertório. Ódio contra os corpos que os racistas concebem como inferiores, contagiosos e impuros. Violência como forma de diversão e recreação; e morte como forma de extermínio negro. Não há racismo às avessas porque não existe uma estrutura que negue sistematicamente poder aos não negros.

cia racial onde o racismo é ofuscado. **O fato de constatar a existência do racismo e denunciá-lo aparecem como fator negativo que impedem e ou atrapalham o desenvolvimento do povo negro. A fala da entrevistada está de acordo com os ditames que vemos acontecer nas histórias publicizadas e descritas pela mídia como vitimismo, "mimimi", equívoco de interpretação.**

De acordo com Moura se perguntarmos para uma pessoa se ela acha aceitável que negros sejam subjugados por sua cor, é pouco provável que ela diga sim. No entanto, ao mesmo tempo existe a ideia errônea de que racismo é apenas a verbalização de termos pejorativos.[24]

> "Entende-se a existência de uma sociedade racista, porém jamais se admite pertencer a ela ou reproduzir seu comportamento nocivo. Quando falamos em racismo estrutural, precisamos lembrar que estruturas são compostas por indivíduos, e não lavar as mãos como se a palavra "estrutural" significasse um local distante, utilizado como um álibi". (MOURA, 2017)

No entanto, é constatada o binômio pobreza/racismo como diminuidores de oportunidades embora haja uma descrição de impotência diante da situação. Em outras entrevistas, a questão do racismo reverso fica ainda mais explícita:

> *"Tem muitas pessoas negras que é doutor, que é pós-graduado, eu acho assim esse negócio de dizer 'é porque tu é negra', isso é mais é racismo, da pessoa mesmo."* **(Carolina 2)**

A lógica meritocrática da sociedade que explica a exceção como regra parece totalmente introjetada pela entrevistada. O fato de haver algumas pessoas negras que conseguem êxito na escolaridade, nas oportunidades de serviço é utilizada para escamotear que o racismo existente dificulta,

---

24 MOURA, Gabriela. **Negação prova existência do racismo.** Disponível em: <https://diplomatique.org.br/negacao-prova-existencia-do-racismo/>.Acesso em: out. 2020.

atrapalha e impede que a maioria do povo negro tenha essa oportunidade, existe capacidade, mas existe uma estrutura de impedimento.

Outra **Carolina** conta uma situação ainda mais constrangedora, ela diz que tem uma filha negra do primeiro casamento e três brancos filhos de outro casamento com um homem branco que, segundo ela, são brancos e inteligentes. Em seu discurso, parece que a cor da filha trouxe um defeito à sua inteligência resultando em poucas oportunidades. Nesse sentido a sociedade aparece como um todo harmônico, não há uma situação que dificulta o acesso, cabe aos indivíduos se integrarem e se adequarem. Nesta e nas demais entrevistas, não houve questionamentos quanto à forma de organização da sociedade. Há percepção quanto a diminuição das desigualdades pelo fato de ser negro, mas a resposta a essa situação é sempre a adequação do indivíduo – e apenas a ele cabe assumir as possibilidades de superação.

> *"Aconteceu o seguinte, nós levamos vários currículos dela, ela é uma menina assim a cabeça dela não é tão evoluída, só que é o seguinte ela fez alguns cursos, só que ela menina que precisa assim de um apoio de uma pessoa que não seja nem pai, nem mãe para estar apoiando ela, então a gente passou currículos para vários lugares e você vê gastei um absurdo com currículo para tentar colocar ela e não consegui. Ela tem um filho, o filho dela vai fazer três aninhos e ela acabou de fazer 20 anos. Eles escolhem, não é? Aparência, ela é uma menina fechada, não é muito de conversar, eles também têm hábito de escolher isso, está certo que uma pessoa comunicativa vai mais pra frente porque se ela está conversando, ela tem atitudes e várias possibilidades de melhorar ali. Poderiam fazer um treinamento, ensinar ela a ser comunicativa. Por exemplo, meu esposo trabalhou em uma empresa que todos os dias eles tinham que fazer dinâmica. Estudo eu não tenho, mas calcular, pensar o que pode ser melhor para frente, minha cabecinha é até boa. Eu falo para os meus meninos que eu dou de 10 a zero neles, meu esposo também, dou de 10 a zero nele."* **(Carolina 3)**

Interessante que o relato perpassa pelas condições e possibilidades de cada filho, como podem ser facilitadores do seu próprio progresso, porem a raça ´é a primeira menção realizada fazendo um contraponto entre a filha de traços fenótipos negros menos inteligentes que os filhos de traços fenótipos brancos. Então o racismo que imaginamos não é simplesmente o que vemos. Ele se reproduz também no invisível e no cotidiano, no que se faz e não se percebe. No viés inconsciente. https://revistagalileu.globo.com/Revista/noticia/2015/10/voce-e-racista-so-nao-sabe-disso-ainda.html

Outra entrevistada afirma a existência de falta de oportunidade aos negros brasileiros, mas reproduz integralmente a inexistência do racismo reproduzindo a desigualdade racial, afirma que:

> *"Tem muitas pessoas que vai procurar vaga de emprego e só por conta dela ser negra não é dada a oportunidade, tem muito racismo nesse Brasil muito, mas mesmo eu sendo negra, tenho que estudar procurar me especializar, procurar ter um emprego melhor me qualificar, não posso ficar na pobreza dependendo dos outros, isso vai da pessoa."* **(Carolina 2)**

Embora o relato não explicite, ela parece fazer uma comparação racial na qual os brancos parecem ter mais habilidades e oportunidades, associando a possibilidade de êxito aos que possuem fenótipo branco. Desta forma parece perceber a existência do racismo como causador da falta de oportunidade aos negros, porém é algo apenas constatado como dificuldade existente não aparecendo nenhuma alternativa de enfrentamento ou solução, o racismo aparece como o modo implícito de funcionamento da sociedade brasileira.

Há em todas as falas um sentimento de inadequação e mesmo com alguns questionamentos, este parece ser o modelo correto a seguir, assim a percepção, a luta contra o racismo aparecem como obstáculos pequenos, capazes de superação pelo esforço, boa vontade, o que faz afirmar a falta de aproximação, com seus fenótipos, sua cultura, suas crenças e valores, o mundo branco e capitalista parece ser o mundo ideal e tira o racismo da possibilidade de ser debatido e enfrentado e ganha ênfase o discurso da desumanização dos que podem ser considerados não integrados, não esforçados o suficiente.

É nítida a constatação da existência do racismo e da falta de oportunidades em decorrência a ele, mas a estagnação e o conformismo com as situações vivenciadas em decorrência dele marca as falas e as soluções propostas. Em seguida, descrevem-se as situações de racismo como desencadeadoras das desigualdades de oportunidades entre negros e brancos.

> *"A gente vê tantas pessoas da pele mais clara trabalhando no supermercado, fazendo comercial na televisão, agora que tem o carnaval aparecem as negras, mas quando não é carnaval que eu reparo é mais pessoas brancas."* **(Carolina 3)**

Verifica-se a incorporação de um modus vivendi treinado culturalmente do qual o negro aparece apartado ou como indivíduo inadequado, embora não o vejamos e ou não chamamos de racismo ela se manifesta o tempo todo, então podemos dizer que ele não está comandando as relações raciais existentes. O modelo branco é incorporado como ideal para a vida, a subjetividade, indistintamente, todas as questões vivenciadas no dia a dia parecem ser consequência de não se ter êxito nessa incorporação de identidade exitosa. Rejeita-se sua humanidade e aceita-se o domínio do outro. Parece haver em todas as falas uma espécie de constatação de inadequação ao modelo vigente. Rocha faz uma afirmação sobre a análise sem criticidade dos indivíduos que parece conter um pouco dessas falas que são desacompanhadas de uma análise crítica que contenham a possibilidade de um enfrentamento da situação feita pelos indivíduos. Assim acordamos com a análise de Fanon apresentada no livro "Pele Negra, Máscaras Brancas", que utiliza o conceito de colonialismo[25] para afirmar que:

> "(...) Alienação do negro não é apenas uma questão individual, e sim um fenômeno socialmente construído, que opera como importante mecanismo do colonialismo, ou seja, funciona como engrenagem de um sistema político capitalista, sendo o racismo também, para além dos domínios coloniais, um mecanismo de distribuição de privilégios em sociedades marcadas pela desigualdade." (FANON, 2008)

Elas apresentam uma adequação ao conceito de colonização padronizando suas formas de pensar e agir no mundo adequada ao esperado pela sociedade liberal capitalista, sem se organizar contra a "ordem" desfavorável contra elas, que patrocinam as desvantagens de gênero, raça e pobreza e ao mesmo tempo as fazem se compreender como causadora das desvantagens vividas e patrocinadoras das possíveis soluções. Um relator das Nações Unidas denominado relatório de Ruteere[26] disse que legados históricos, como o impacto da escravidão e da colonização, continuam a ser as principais razões de desvantagens socioeconômicas em muitas partes do mundo. https://agenciapatriciagalvao.org.br/mulheres-de-olho/erradicacao/05112013-relator-da-onu-diz-que-pobreza-esta-associada-a-racismo-e-discriminacao

---

25 Fanon explica que "todo povo colonizado nasce com um complexo de inferioridade devido ao sepultamento da originalidade cultural" (FANON, 2008, p.34)

26 Mutuma Ruteere apresentado durante a vigésima sessão do Conselho de Direitos Humanos, que acontece de 18 de junho a 6 de julho 2012 em Genebra, o documento Formas Contemporâneas de Racismo diz que minorias étnicas e raciais são desproporcionalmente atingidas pela pobreza com a falta de acesso à saúde, à educação e à moradia adequada.

Nesse ponto, pobreza e racismo se interlaçam e dificultam avanços culturais e sociais, reproduzindo desumanidades, violência e miserabilidade, reforçando a questão da subalternidade[27] a que está exposta a população negra e, em especial, as mulheres negras.[28]que há uma especificidade na realidade delas A questão colocada como desafio é a percepção esvaziada de sentido que perpassam suas respostas, parece ser uma junção negativa de alienação e dominação onde a constatação da existência da questão não a torna relevante e necessária de ações públicas, assim não se formulam demandas nem ações em seu combate. Potencializa-se, assim, a acomodação e a estagnação das desigualdades raciais. Perguntamos para as entrevistadas o que é racismo e as respostas reiteram o desconhecimento sobre a questão.

> "É tipo assim eu e você somos iguais porque quando a gente morrer vai para o mesmo lugar, abrir uma cova vai enterrar vai ser a mesma coisa, mas aqui as pessoas querem se diferenciar uma das outras por causa do seu status social, porque é negro não consegue fazer faculdade e as vezes nós mesmos coloca a diferença, isso acaba gerando um conflito que acaba virando

---

27 De acordo com Schlesener, e sob a influência Gramsciana "subalterno é aquele que não pode falar, que não tem voz". E, em geral, também não tem oportunidade de produzir seu pensamento e manifesta-se, na maioria das vezes, quando lhe "dão a voz", ou seja, ainda no contexto da subordinação e do domínio dos dirigentes. Com a assimilação do modo de pensar dominante, as classes subalternas elaboram sua leitura da realidade dentro dos limites das narrativas dominantes, o que dificulta ou mesmo impossibilita perceber a própria subordinação. http://books.scielo.org/id/y3zhj/pdf/schlesener-9788577982349-05.pdf

28 Estudo divulgado pelo Instituto Brasileiro de Geografia e Estatística (IBGE dos 13,5 milhões de brasileiros que vivem em extrema pobreza, 10,1 milhões declaram-se de cor preta ou parda, mostram dados da pesquisa, ainda revela que mulheres pretas ou pardas compõem o maior contingente, 27,2 milhões de pessoas abaixo da linha da pobreza. "Desigualdades Sociais por Cor ou Raça Brasil".

um racismo. Gera mágoa, gera manifestação, gera conflito porque a pessoa fica para baixo, não é?

A gente vê tantas pessoas da pele mais clara trabalhando no supermercado, fazendo comercial de televisão, no carnaval aparecem as negras, mas quando não é época de carnaval pelo que eu reparo são só pessoas brancas. (…) Quando eu era mais nova, quando eu estudava, eu já ouvi me chamarem de neguinha do cabelo sarará, neguinha fedorenta, 'a sala está um fedô, acho que foi essa neguinha'. Eu fiquei até doente por causa disso, eu conto isso para os meus filhos. Eu digo a eles: 'se alguém xingar vocês por conta da sua cor não devolvam em palavras não, venha falar com a mamãe, a gente pode ir lá na escola conversar e estar resolvendo isso' porque a criança acaba brigando e falam coisas que não deve." (**Carolina 1**)

A entrevistada apresenta situações que vivenciou pelo fato de ser negra, porém apesar de relatar várias situações vivenciadas inclusive no ambiente escolar, sua escolha e forma de enfrentamento ainda é o silenciamento e a intervenção dos adultos. Além de utilizar a expressão "xingar por conta da cor", que significa que qualquer expressão relacionada a cor pode ser expressa como xingamento. No caso, existem algumas referências da raça que merecem orientações e desvelamento de preconceitos e discriminações. A submissão e a inferioridade são repassadas como ensinamento aos filhos diminuindo as possibilidades de reação e lutas. O silenciamento aparece como receita de boa conduta e de superação. Documento O Impacto do Racismo na Infância elaborado pela UNICEF ao abordar o racismo na infância afirma que o racismo causa impactos danosos do ponto de vista psicológico e social na vida de toda e qualquer criança ou adolescente na infância crianças negras.

"Deparam-se constantemente com situações de discriminação, de preconceito ou segregação. Uma simples palavra, um gesto ou um olhar menos atencioso pode gerar um sentimento de inferioridade, em que a criança tende, de forma inconsciente ou não, a desvalorizar e negar suas tradições, sua identidade e costumes." (UNICEF, 2010)

Outra entrevistada relata nunca ter sofrido situações de racismo e a orientação que ela dá aos filhos também passa pelo silenciamento, uma tentativa de passar despercebida, de modo passivo, perante as manifestações de intolerância. Ela relata racismo da seguinte forma:

> *"Racismo é você tratar o outro com indiferença. Somos todos iguais independente de cor raça e religião. Preparo os meus filhos para respeitar o próximo e fazer com que o próximo respeite ele, não aceitar discriminação de ninguém. Se for discriminado, não rebater, se ela bater boca com a pessoa, ela vai perder direito dela e gente desse tipo é melhor ignorar, não rebater e relevar aquilo ali. Porque aquilo ali é ignorância da pessoa, minha filha, é assim. Eu crio ela para ser educada com o próximo e quero que sejam educados com ela também."* **(Carolina 2)**

Afirmar igualdade onde existe desigualdade na verdade é o ocultamento de dados da realidade, é uma forma de silenciamento que perpetua as desigualdades existentes, muito parecido com aquelas postagens que visam contrapor as denúncias de desigualdade racial de que "somos todos raça humana", embora pareça um discurso conciliador é um discurso que corrobora com a manutenção da sociedade racista. Outra acrescenta:

> *"Racismo é a pessoa ser ignorante, acredito que ela não tem leitura, ela não é uma pessoa inteligente, e ela não é sábia. Porque a pessoa que é sábia e é inteligente ela não vai ter racismo. Só os ignorantes tem preconceito com cor, porque, por exemplo, eu sou negra mas sou uma negra mais clara. Eu sou uma parda, eu tenho uma menina do lado mais branco, porque meu esposo é branco. Ele chega ser quase louro, o namoradinho, vamos falar certo, ele é preto, mas pretopreto assim que chega a ser azulim. E eu adoro ele. Tem um rapaz que pediu ela em casamento que é da mesma cor e eu adoro ele. Então eu acho que o racismo é a parte da pessoa que é ignorante que não entende o que é que isso, porque se a pessoa entendesse que o racismo não existe, porque não importa a cor negra, preta ou branca. Coisas que aprendi com meus pais, a gente não dá ouvidos para esse tipo de coisa, a gente faz o possível para ignorar, porque se a gente não ignorar esse tipo de coisa a gente vai criar confusão. E outra: a*

gente chega e conversa com uma pessoa qualificada, por exemplo, se for na escola, tem uma pessoa lá para te ajudar. Primeiro, conversa; não vai em uma agressão, não vai em um bate-boca. Se a pessoa está falando com você, palavras não doem, melhor se calar e evitar a briga, evitar o problema e levar para o responsável. Vencedor é quem foge da luta e não quem encara ela. Acho bonito quem luta contra o preconceitos, mas tem certos tipos de coisas no mundo que a gente vive que fica pior. Às vezes, é melhor você ignorar e tocar sua vidinha na paz, tem coisas que podem ser evitadas, vamos evitar."
(Carolina 3)

Existe a percepção do racismo e a crítica a ele como comportamento de pessoas não sabias e ou inteligentes, porém, mas uma vez o silenciamento é a receita exitosa para a paz social, também na narrativa da entrevistada estão contidos os valores e as atitudes que demonstram a inferioridade do negro, sendo exaltado inclusive a tolerância do pardo para com o retinto em uma espécie de hierarquia desfavorável ao retinto.

Outra entrevistada afirma que não existe racismo, mesmo relatando situações de racismo vivenciadas por outras pessoas conhecidas. Existe a ideia equivocada de que racismo é apenas a verbalização de termos pejorativos que acontecem esporadicamente e são denunciados pela mídia.

"Entende-se a existência de uma sociedade racista, porém jamais se admite pertencer a ela ou reproduzir seu comportamento nocivo. Quando falamos em racismo estrutural, precisamos lembrar que estruturas são compostas por indivíduos, e não lavar as mãos como se a palavra "estrutural" significasse um local distante, utilizado como um álibi. Para ilustrar o que digo, segundo pesquisa do Instituto Data Popular:1 92% dos brasileiros afirmam haver racismo no país, enquanto apenas 1,3% se consideram racista. Onde essa equação não fecha? Se existe uma dificuldade em assumir-se parte dos 92%, é porque estamos falando de moralidade. O ato de discriminar alguém por sua etnia é execrado publicamente, mas é perpetuado nas relações sociais e mantido pelo sistema como um todo. Se perguntarmos para uma pessoa se ela acha aceitável que negros sejam subjugados por sua cor, é pouco provável que ela diga sim. No entanto, ao mesmo tempo existe a ideia errônea de que racismo é apenas a verbalização de termos pejorativos." (MOURA, 2020)

Essa questão referenda a distância entre o arcabouço jurídico legal existente na sociedade brasileira relacionado a racismo e injúria racial[29] e a dificuldade em referendar essas situações existentes. As questões raciais decorrentes do racismo nos, principalmente nos aspectos culturais, econômico e político e religiosos são sublimadas, cabendo aos indivíduos vitimizados a superação imediata. E acrescenta:

"Tem negro rico, branco rico, não é? Não tem nada a ver. Eu fiquei sabendo há um tempo atrás que uma colega minha foi caçar um serviço e chegou lá a dona da loja falou para ela, não posso te contratar porque você é negra, ela saiu de lá no maior choro. Por isso que tem hora que dá até medo de caçar serviço. Igual eu. Eu tenho meus dentes desse jeito, às vezes eu tenho medo de ir em uma loja caçar serviço, porque eu não estou em boa situação com os dentes estragados, não tenho dinheiro para arrumar agora. Você vai nesses postinhos de hoje em dia, tem que ser morador do bairro, tem que morar na área e no meu bairro não tem. Aliás, não tem creche, não tem escola, não tem nada. Agora o caso da minha amiga é gente boba, não é? Preconceituosa e a gente nem sabe se é verdade dela, né? Isso a gente ficou sabendo da boca de outra pessoa. Existir, existe, mas é bobeira da pessoa. Eu me sinto rica porque eu tenho meus filhos todos saudáveis, tenho minha casinha. Eu estava fazendo uns bicos, porque eu tenho um primo advogado, agora que ele está querendo ir embora de Uberaba, ele me despediu, mas eu estou correndo atrás de outro. Eu junto latinha, eu junto garrafa descartável, lavo uma roupa aqui, lavo outra ali, passo… eu pelejo de um jeito de outro e graças a Deus vou indo. Nunca sofri uma situação de preconceito e discriminação e preparo os meus filhos para lidar com isso conversando com

---

29 O racismo tem previsão legal na Lei nº 7.716/1989, enquanto a injúria racial está prevista no art. 140, § 3º, do Código Penal. No racismo, há uma pretensão de dividir os humanos em "raças", com algumas se considerando superiores e afirmando que outras seriam inferiores. A injúria racial é uma modalidade de injúria qualificada (com pena própria) e consiste em ofender a honra de alguém, utilizando elementos relativos a sua raça, cor, etnia etc.

eles, para eles não falar, não desacatar ninguém de negro. Eu tenho um menino da minha cor, é o único; os outros todos puxaram meu marido, os quatro. Aí eu, de vez em quando, brinco com ele: "vem cá, neguinho da mamãe". Ele mesmo fala para mim: "não, mãe, não pode, isso é preconceito, não pode". Eu falo: "É verdade, meu filho, não pode. O jeito que a mamãe está fazendo com você, se você fizer com um coleguinha, vixe, dá o maior problema para a mamãe". Converso muito com eles." (**Carolina 4**)

Seu discurso visa a parece haver um defeito a ser ocultado, o fato de não poder dizer "neguinho" não vem acompanhado da explicação do quanto essa expressão vem acompanhada de racismo. Quando questionamos se não poderíamos confirmar a existência do racismo pela fala da amiga, a resposta é colocar em dúvida a veracidade da fala da amiga, na sequência a descrição dos esforços realizados. O paralelo entre os esforços realizados e outras vulnerabilidades como 'os dentes estragadas" parecem extrapolar a questão racial. Dessa forma reforça o negacionismo do racismo.

"O objetivo dessa negação, sem base factual e empírica, é retirar a dimensão estrutural do problema para atomizar a discussão e jogar para o "indivíduo" a responsabilidade em relação aos problemas sociais de sua existência. É uma tentativa de individualizar o fracasso e o sucesso, como se não houvesse uma estrutura histórica e social que condiciona o motor da vida." (SANTOS, 2018)

Assim as Carolinas formam uma pequena amostra da sociedade. Em suas falas, percebemos uma ausência de conhecimento formal sobre suas próprias condições enquanto pobres e sobre o fato de ser negro, no contexto da sociedade brasileira atual, aumenta sua vulnerabilidade perante o sistema no que se refere a pobreza e o racismo. Demonstram total adequação a ordem estabelecida, portanto tem um papel social a serviço das desvantagens vivenciadas, são atores sociais trabalhando contra si mesmas e contra as pessoas que vivenciam a mesma situação delas. Por conta desse posicionamento não colaboram, não reivindicam avanços nessa relação. Dessa forma as mulheres negras em condições de pobreza necessitam obter ações estabelecidas em combate a adequação da relação perversa representa pelo gênero, raça e classe no caso do texto acrescidos pelas condições de pobreza.

De modo semelhante, algumas entendem o racismo como manifestações de intolerância ao negro e repercutem o receituário propagado pela sociedade brasileira que é de sua negação, propagam expressões racistas e se entendem como algo positivo negar sua existência mesmo sendo seus filhos, amigos e elas mesmas vítimas de racismo. No combate ao racismo é necessário dar voz e visibilidade à pessoa negra para combater estruturação do racismo na sociedade e a falsa ideia de democracia racial que encontra no silenciamento seu maior aliado. O racismo é a base estrutural das desigualdades no Brasil, ele enfatiza todas as desigualdades existentes. Ele constitui padrão de normalidade das relações injustas e afetam todos as condições de vida e sobrevivência da população negra, não é possível pensar no se8u combate com o silenciamento e tomada de consciência de todos os envolvidos

Elas compõem o grupo ainda majoritário da sociedade que asseguram a negação do racismo e ou pelo menos que a existência do racismo cause efeitos nocivos para si e para outros r portanto agravam as manifestações da questão social. No Brasil, as consequências da desigualdade racial existente em razão do racismo ainda são diversas e muitas vezes silenciadas, mesmo com todos os esforços dos movimentos sociais e da sociedade civil organizada ainda necessitam de muitas discussões, protestos e ações estatais. Quase todos os dias acontecem, genocídios, balas perdidas, denúncias de racismo noticiadas pelos meios de comunicação, mortes por faltas de oportunidades e essas são apenas algumas evidências da obscuridade da questão racial no Brasil.

> "As primeiras explicam as relações raciais sobre o prisma da miscigenação e da democracia racial, onde negros/as usufruíram das oportunidades e conseguiram igual integração na sociedade abrangente, camuflando uma realidade marcada de tensionamentos e de racismo em nome de uma ideologia oficial de um pai sem que inexiste a discriminação racial, pois perdura a harmonia entre os grupos raciais que o constituíram como nação. Vale dizer que o pensamento liberal se faz presente na contemporaneidade, de forma reducionista, por meio do politicismo– a realidade se reduz a política, no dizer de Santos (2017, p. 7): "[...] sobressai a tendência de autonomizar indivíduos, processos, relações e complexos sociais parciais de suas determinações societárias". Assim, nessa perspectiva, a questão racial não assume importância e não aparece como estruturante na formação social, sendo negado o papel da raça na geração das desigualdades sociais. Validam a crença na igualdade de oportunidade e judicialização das reivindicações como meta a ser alcançada por sujeitos que sofrem a violação de direitos e negação de sua diversidade. Há uma naturalização e/ou negação das opressões, portanto, sem abrir a possibilidade de lutas sociais que reivindique outra forma societária que não a capitalista." (MADEIRA; GOMES, 2018)

Apesar dos relatos de dificuldade para encontrar emprego, de notarem terem menos oportunidades que pessoas brancas, e de terem vivenciado ou presenciado manifestações de preconceito e discriminação ao longo da vida, o racismo relatado pelas entrevistadas se mostra enquanto atitudes isoladas, como situações de exceção, estranhas à vida social cotidiana, as quais não merecem respostas, muito menos lutas sociais no seu combate.

Analisamos que "racismo e sexismo colocam as pessoas em seu devido lugar, ou seja, nos setores menos privilegiados e mais precarizados da economia", diz Almeida (2018, p. 160), sobre a articulação nefasta que envolve pobreza, racismo e sexismo. Ainda concordo com o autor, "o racismo é uma forma de racionalidade, é uma forma de normalização, de compreensão das relações" constituindo para além das ações conscientes, as inconscientes. Logo, ele é estrutural e estruturante, naturaliza a violência contra o negro, de modo que a agressão a esse não causa espanto, por exemplo, sendo então encarado conforme um padrão racional de normalidade (ALMEIDA, 2018). Desta forma pessoas mais atingidas pelo conjunto de desvantagem no acesso a direitos básicos devido a intersecção perversa da trilogia, gênero, raça e classe não se apercebem dessa junção perversa e são vitimizados tanto pelos efeitos das desvantagens quanto pelo entendimento seu e de parte significativa da sociedade, mas por um defeito pessoal. A falta de percepção da existência do racismo enquanto facilitador das situações de pobreza torna-a de difícil combate, dificulta a pressão e lutas sociais para ações efetivas do Estado, corrobora na manutenção das desigualdades de gênero e raça corroborando para a divisão de classes.

É uma situação fundamental para a situação social que vivenciamos na atualidade, desfavorável ao povo negro em especial as mulheres negras. Ainda é necessário reafirmar que no Brasil, mesmo contrariando algumas poucas correntes, abordar raça necessariamente é abordar classe, já que pelo racismo e consequentemente pela desigualdade é possível afirmar a definição de Davis que raça supõe a classe e a classe supõe a raça.

A questão principal se refere ao tratamento pelo Estado, que lhes afere políticas públicas profícuas e frágeis no que se refere à possibilidade de igualdade de oportunidades, corroborando na marginalização dos setores mais fracos e carentes da sociedade dificultando o acesso até aos direitos básicos. Desta forma as situações de pobreza aparecem como denuncia e demonstração de falta de ações efetivas, investimento público na superação das desigualdades raciais e de gênero onde uma desigualdade aprofunda a outra em um processo interseccional.

Na visão neoliberal, as desigualdades não são produto de injustiças impostas pelo modelo econômico. Não há um contexto social onde prevaleça a divisão e a fragmentação da sociedade; as desigualdades são justas e necessárias ao bom desenvolvimento do sistema, as pessoas capazes podem alcançar seu bem-estar pessoal por meio do mercado, e não cabe ao Estado nenhuma interferência, no sentido de amenizar estas desigualdades. Quando ele o faz, "vicia" o indivíduo, que responde com acomodação, fraude e desperdício do dinheiro público. Esta lógica propicia a não intervenção do Estado e ou a insuficiência de recursos na garantia de proteção social, patrocina o desmantelamento dos direitos sociais, principalmente dos usuários em situação de pobreza, torna a competição o motor básico da sociedade, onde os mais competitivos devem ser estimulados e os não capazes de competir sujeitos à pobreza.

No caso das entrevistas realizadas, sobre as questões que estabeleciam relação entre pobreza e raça, as respostas ecoam a lógica meritocrática e total ausência das evidências do racismo existente na sociedade.

A INFLUÊNCIA DO DISCURSO CONSERVADOR SOBRE POLÍTICAS SOCIAIS NA FALA DAS ENTREVISTADAS

Como critério de seleção para a pesquisa foi anteriormente perguntado às mulheres se elas se consideravam negras e pobres e só a partir da afirmativa que a iniciávamos. Porém, no decorrer da pesquisa todas se pronunciaram como não suficientemente pobres, essa afirmação esta intrinsicamente ligada à forma como os organismos estatais e meios de comunicação indicam como pobreza em nossa sociedade: fora do alcance da possibilidade da sobrevivência biológica e identificados como sujeitos acomodados que aguardam "ajuda" externa para sobreviver sem nenhum esforço próprio. Assim, a questão tem um vínculo estreito com a forma como as políticas sociais de combate à pobreza são apresentadas.

> "Concepção distorcida da política, mediada por valores éticos, morais e religiosos, materializados e reproduzidos em projetos e programas que em sua execução não deveriam ser difundidos como de ações públicas, já que se ocupa de responsabilizar exclusivamente o indivíduo pela condição em que se encontra e pelos resultados obtidos. A incapacidade de disponibilizar recursos e serviços capazes de incorporar e atender as demandas configuradas; trazendo para o âmbito do atendimento apenas a demanda localizada por critérios de menor elegibilidade" (PEREIRA, 1996).

Seguindo essa lógica são os indivíduos culpabilizados pela situação de pobreza em que se encontram e que devem sistematicamente buscar alternativas fora do Estado para sua sobrevivência, desta forma não se veem como cidadãos de direitos, mas como pessoas que ao mesmo tempo em que devem demonstrar gratidão pelo que recebem, também devem demonstrar esforços imensuráveis pela melhoria de vida. Esse viés é reforçado pelas entrevistadas ao apontarem seus empenhos em trabalhos informais que colaboram na obtenção de renda.

O trabalho é visto por todas as entrevistadas como substituto aos programas sociais, elas dizem que o trabalho, mesmo sem questionar o salário, seria a solução para a pobreza.

> *"Deveria ter mais trabalho, mais oportunidade, igual eu que não conclui meus estudos, difícil ter uma oportunidade de trabalho, ai muitos vivem do bolsa família como eu mas não tem esperança de conseguir um emprego dar uma vida melhor para os filhos, tipo assim se tivesse uma empresa para priorizar os pais que recebem bolsa*

*família, contratar essas pessoas para trabalhar, dar uma oportuni-
dade"* (Carolina 1)

*"Deveria ter mais pesquisa para ver se aquela família precisa ou
não do bolsa família, a gente ve casos de pessoas que não precisam e estão recebendo tirando de uma família que realmente esta
necessitando daquela ajuda, se fosse mesmo a risca vamos ver se
você realmente precisa, fez a entrevista aqui vamos na sua casa, ver
se você vai usar para a finalidade que você esta querendo, se passou as informações corretas, deveria ter uma fiscalização. Deveria
encaixar as pessoas em uma vaga para não depender só do bolsa."*
(Carolina 2)

*"Se várias pessoas pensassem no próximo não haveria tanta pobrez.
im exemplo,, todo o politico a gente vê que ele tira benefício para
eles, se eles parassem para pensar assim, eu vou tirar benefício para
mim mas vou pensar naquele que esta ali atrás de uma lona vou
ajudar ele a adquirir um teto, os mendigos que estão soltos por ai,
a cidade de Uberaba por exemplo, eu considero é uma cidade que
apesar de tanta dificuldade que eu vejo com o nosso prefeito, ela
abraça muito quem vem de fora, nos temos sopa em uma instituição
social, temos a caridade da pessoa vir e te dar uma cesta básica, eu
já tive condições horríveis e ganhei cesta básica, fiquei muito muito
feliz com iss, agradeci muito a Deus, tem um ano que passei por
uma grande dificuldade ganhei um dinheiro para eu poder fazer
uma cesta básica boa para minha casa, agora este ano, não esta
ruim . Então o que acontece se no geral todos fossem acolhedores
e ou mais ou menos igual na cidade de Uberaba e pensasse mais
em ajudar todos os dias, se eu não posso dar uma ajuda financeira
então arruma um emprego. Então se as pessoas pensassem mais no
próximo melhoraria. Dar mais oportunidade para o Brasileiro, dar
mais oportunidade para os negros. Se a pessoa for mais humana não
pensar só em si e ajudar o próximo e não pensar só em si própria ,
compartilhar tudo que for bom e o que ela quer para ela , por exemplo eu tenho bastante alimento na minha casa, passa uma pessoa na
minha rua, eu vejo que aquela pessoa esta necessitando, eu teria que
doar o que esta sobrando, isso não acabaria com a pobreza porque
tem muita gente que gostam de viver nessa vida e outros não tem
oportunidade."* (Carolina 3)

*"Tem muitas pessoas que falam que é pobre mas não caça um jeito
de fazer uma faxina, gente que deveria caçar um serviço, porque
tem muita gente que porque recebe o bolsa família acha que não
tem que trabalhar, fazer alguma coisa. Eu faço faxina,, eu limpo*

um salão porque a pobreza existe quando a pessoa não tem força de vontade A maioria do povo brasileiro tem preguiça de levantar cedo. O povo tem que caçar serviço trabalhar." (Carolina 4)

Assim como o racismo e pobreza, a questão de ser uma cidadã de direitos também passa longe do universo dessas mulheres. Ainda que pareça demandar mais suor, mais esforço, além dos diversos já realizados, e que outros indivíduos não precisam fazer. Existe um mal-estar implícito, não pela situação vivente, mas para demonstrar atributos e valores apesar dessa condição. Nesse sentido, a pobreza e o racismo são negados para assegurar seu valor social.

Pobreza somente poderá ser considerada quando faltar aos indivíduos o suficiente para sobrevivência biológica, dessa forma estaria explicitada a exaustão de esforços realizados, do contrário, é ele quem deverá buscar com seus esforços uma forma alternativa de resolução. Nesse sentido o Estado está isento de qualquer responsabilidade com a pobreza enquanto manifestação da questão social decorrente da forma como a sociedade está organizada, são os indivíduos por sua falta de atributos e esforços que se encontram e se mantem nessa situação degradante.

No que se refere ao racismo, ele é percebido enquanto situações extremas e esporádicas de intolerância e rejeição decorrentes da raça. Porém, o mesmo deve ser ignorado pelos sujeitos vitimizados pela situação, como estratégias de superação. As manifestações de racismo são apercebidas, mas desconsideradas enquanto questões que atrapalham nas condições vivenciadas pelos sujeitos negros.

Nesse sentido, pobreza e racismo se interlaçam, aumentando a vulnerabilidade e subalternidade das mulheres negras, ao serem compreendidos enquanto problemas que tem como solução estratégias individualizadas.

ARTICULAÇÃO POBREZA/RACISMO NO ENTENDIMENTO DAS ENTREVISTADAS

O que alguns autores chamam de "acordo social de exclusão", ou "inclusão precária", enquanto acordo de submissão silenciosa, Mario Theodoro entende como incluída dentro desse sistema social numa eterna condição precária de subcidadania. Do processo de naturalização da situação de pobreza vivenciada, tendo como solução o indivíduo viabilizar recursos para a sobrevivência biológica e aceitar sem resistência a forma como a sociedade está organizada. A pobreza é apresentada como falta de atributo pessoal para "acumular" riqueza e não resultante das relações sociais existentes.

> "A moral cria códigos de conduta e regras na direção de um campo impositivo, utilitário e finalista, configurando relações de dominação, expressas em sentenças inabaláveis que modelam o que se deve pensar, como agir, em que acreditar. Quando o pobre não é circunstanciado numa fórmula única, estanque, ele é uma criatura híbrida, o aceitável e o inaceitável, aquilo que todos sabem e não sabem exatamente o que é. Por isso, requer atenção todo modo de identificar, classificar, qualificar o pobre. Códigos moralmente compartilhados recomendam, indicam, estabelecem que o pobre bom, o pobre dócil é aquele que consome pouco, é trabalhador, está inserido em algum arranjo ou dinâmica familiar, pode ser ou não eleitor, pois sua mera figuração existencial produz dividendos políticos. Esse é o pobre que está na literatura, na mídia, nas plataformas políticas, nos programas sociais. É o pobre que não pode falar, mas de quem se fala. É o pobre que recebe elogios, prêmios por seu esforço criativo ou empreendedor, é aquele para quem se planeja intervenções e se imagina resgatar dos limites da doença, do crime, da delinquência; às vezes, incômodo, esse pobre é, sobretudo, útil. Ele se diferencia radicalmente do pobre inaceitável, do vadio, daquele que pode acumular imperfeições morais graves: ser miserável, sujo, famélico, pavoroso em sua tradicional figuração supliciada. Massacrado, o pobre é inca-

paz, grotesco, burro, abjeto, ocupando um lugar de subtração e exibindo sempre alguma forma de apagamento de si." (BORBA CERQUEIRA, 2009)

Percebe-se que o fato de a maioria das pessoas negras serem pobres também não suscitam questionamentos, não há contestações. Estes silenciamento, conformidade e culpabilização dos indivíduos precisam ser questionadas no ambiente profissional de quem trabalha com os ditos programas de transferência de renda. O fato de as pessoas verem os programas como benesse, como ajuda, que deve ser temporárias e em substituição ao trabalho indica que a subalternidade propagada pela forma liberal está totalmente introjetada, elas repetem esses mesmos preconceitos e receituários de sucesso. Dessa forma, a manutenção desse entendimento perpetua a dominação e a manutenção da ordem vigente.

Dessa forma nem a pobreza nem o racismo aparecem como dificultador de oportunidades no sistema capitalista, ao contrário, são os indivíduos que falham, por sua condição de pobreza e ou racial negro, quando não provem sua sobrevivência biológica. O sistema é atrapalhado por esse perfil, e quando realiza alguma ação ela deve ser incompleta e provisória para não tirar a "disposição" dos sujeitos em buscarem alternativas, independentemente de quais sejam.

Nesse sentido há um consentimento informal para a subalternização já que existe conformidade e ou deveria ter, adesão e ou busca de meios alternativos, colaborando e consentindo passivamente para que a sociedade permaneça privilegiando os mesmos interesses.

CAPÍTULO 03.

DESIGUALDADE SOCIAL E DESIGUALDADE RACIAL

"A democracia está perdendo os seus adeptos. No nosso país, tudo está enfraquecendo. O dinheiro é fraco. A democracia é fraca e os políticos, fraquíssimos. E tudo o que está fraco, morre um dia."

CAROLINA MARIA DE JESUS

Apesar de ter em seus fundamentos a questão da desigualdade social, a sociedade capitalista torna-se especialmente injusta para a população negra em virtude do privilégio branco. Assim, algumas de suas formas de organização tornam-se ainda mais injustas, acentuando ainda mais esse privilégio, como é o caso da organização atual.

Os detentores do capital apresentam um novo paradigma de regulação social, alicerçada numa concepção unilateral dos pertencentes à estrutura dominante da sociedade, fundamentada em ideias pragmáticas de padrões de comportamentos e existências independente ao Estado, em que as desigualdades são justas e boas e favoráveis a todos. Efetiva-se no Brasil a figura de um homem ícone e autônomo ao Estado, padrão que deve ser bem-sucedido, buscar êxito a qualquer preço de forma individual, utilizando recursos meritocráticos. Tal figura busca no mercado espaço e recursos para atendimento de todas as suas necessidades e ou de sua família. Existe nessa lógica a negação das desigualdades existentes e a total despolitização de que as questões existentes na sociedade são oriundas da forma como estamos organizados. Essa proposta em um país com gritante desigualdade racial e que já se alicerçou no mito da democracia racial agrava ainda mais seus efeitos.

> "A ideia da democracia racial, propagada como poderoso mito, funcionava como instrumento ideológico de controle social, acabando por legitimar a estrutura, que vigora até os dias atuais, de desigualdade, discriminação e opressões raciais, que tendem a serem explicadas dentro do âmbito pessoal. Assim, trata-se a questão estrutural de forma limitada às relações interpessoais, como pessoas que, por questões de ordem individual, são acomodadas ou complexadas. Esse fato impede que as situações de racismo e de opressão se transformem em questão social, pública, ficando reduzidas à esfera pessoal e não ganhando conotações políticas e coletivas, com explicações relacionadas à formação social, às estruturas sociais, econômicas, políticas e culturais que se reproduzem nas práticas cotidianas." (MADEIRA; GOMES, 2018)

Este fenômeno político-ideológico omite, desqualifica e criminaliza as questões que denunciam a falência dessa maneira de organização: o aumento significativo das diferentes formas da desigualdade social, econômica e política expressas no desemprego, nos baixos salários, no analfabetismo, nas famílias vivendo nas ruas, nas pessoas doentes sem tratamento, nas moradias precárias, na falta de terra para a população trabalhador, na violência e insegurança urbanas, no racismo, no machismo, na homofobia e ódio aos pobres – o que desnuda no Brasil a guerra de classes –, na ofensiva da ultradireita vicejante. Bem como nas inúmeras desvantagens políticas e econômicas colocadas aos grupos minoritários e vivenciadas na forma de pobreza, salários mais baixos, menor acesso aos sistemas de saúde e educação, maiores chances de encarceramento e morte. **Todas essas desvantagens têm o viés de classe. Porém, no Brasil a desigualdade racial existente e persistente atinge principalmente a população negra.**

> "As pessoas que são marginalizadas sofrem os maus efeitos da existência dessas bolhas sociais e econômicas, sem lhes ser concedidas oportunidades de vida, de estudo e de crescimento profissional da mesma maneira que às outras pessoas. Nesse

> sentido, quem é de uma família pobre tem menos probabilidade de ter uma excelente educação e instrução; assim, com baixo nível de escolaridade, terão destinados a si certos empregos sem grande prestígio social e com uma remuneração modesta, mantendo seu status social intacto.Por essa razão, a **meritocracia é um mito**: não há como clamar que uma classe social alcança bons feitos por mérito, frente a outra que sequer consegue acessar as mesmas oportunidades. Um princípio do direito prega em tratar os iguais como iguais e os desiguais como desiguais, com o intuito de reconhecer como a força das vivências, dos locais de origens e da vida social tendem a se manter os mesmos por décadas. (MERELES, 2017)

Vitimizados por essa direção social patrocinada pelo neoliberalismo, a classe trabalhadora tem forte impacto nas condições de manutenção dos modos de vida a cada dia mais se deteriorando. Ela segue lutando e denunciando esse *apartheid* social que aumenta ainda mais a atrocidade dos detentores capital sobre quem possui a força de trabalho, ou seja, aos que sofrem os efeitos efêmeros da diretriz política em curso.

Desta forma o capitalismo assegura as desigualdades raciais existentes e, para sua continuidade, as justifica de forma que a sociedade as compreenda como justas e necessárias e de responsabilidade individual. Para tanto, a existência do racismo é negada e ou sublimada nas explicações sociológicas e ressaltado o mérito individual como forma de superação das desigualdades raciais existentes.

> "(...) não há como racionalizar o racismo sem questionamos que o processo de inferiorização do *outro* em razão da raça e do gênero, é o fundamento que movimenta as engrenagens do sistema capitalista de acumulação. Se o racismo não existe, quem poderá explicar e cuidar das feridas emocionais, dos danos causados à saúde mental e física, compartilhados entre as comunidades negras? Como explicar o rebaixamento da autoestima provocada pelo racismo, que leva mulheres negras a expectativas de vida e saúde [1] menores, podendo chegar até

cinco anos de diferença, quando comparadas a mulheres brancas. São legados que sufocam a experiência subjetiva de conciliar trabalhos precários, discriminações, desemprego, maiores riscos de exposição a violências e etc. Isso sem mencionar o peso desigual que representa a *maternidade da Miséria* que, para muitas mulheres racializadas como *Mirtes,* termina em tragédia familiar. Diante disso, qual será a fronteira de sensibilidade social a ser despertada sobre o racismo, e o que se tornará conceber como possível limite para o intolerável. (VARGAS, 2020)

Dessa maneira, os neoliberais asseguram uma forma de organização social que, embora patrocine a completa desvantagem desses segmentos, propicia ganhos e lucratividades a outros que seguem economicamente dominantes na sociedade. A discussão do mérito sobrepõe a discussão das consequências das desigualdades raciais, suas desvantagens relacionadas aos negros. Embora injusto, o discurso da meritocracia é o discurso patronizando da forma de organização social, assim meritocracia é um mito que alimenta as desigualdades, diz Sidney Chalhoub.

"A meritocracia como valor universal, fora das condições sociais e históricas que marcam a sociedade brasileira, é um mito que serve à reprodução eterna das desigualdades sociais e raciais que caracterizam a nossa sociedade. Portanto, a meritocracia é um mito que precisa ser combatido tanto na teoria quanto na prática. Não existe nada que justifique essa meritocracia darwinista, que é a lei da sobrevivência do mais forte e que promove constantemente a exclusão de setores da sociedade brasileira. Isso não pode continuar". (CHALHOUB, 2017)

Embora o discurso da meritocracia oculte as atrocidades que representam as desigualdades sociais, como pobreza, miserabilidade, violência, falta de acesso à educação é no âmbito das relações raciais envolvendo negros e brancos que a questão se acentua. As consequências são mais veementes, uma das maiores atrocidades existentes, que patrocina mortes, desigualdade e uma sociedade nociva para todos que não possuem os meios de produção. É o povo negro que sofre com as maiores atrocidades.

Para análise do mito da meritocracia é preciso considerar a questão do privilégio racial branco, e como a relação entre elas traz oportunidades diferentes dependendo da raça a que se pertence. Na verdade, a questão racial e a ocultação da existência do racismo na sociedade brasileira omitem a ineficácia da meritocracia enquanto sistema relacionado aos negros e perpetua a desigualdade racial. Não é possível utilizar justificativas meritocráticas sem considerar a desigualdade racial existente. Bento aborda que nos estudos referentes as desigualdades no Brasil, não é coincidência o fato de que os estudos se refiram ao "problema do negro brasileiro", sendo, portanto, sempre unilaterais, por não abordarem os ganhos efetivos dos brancos com a existência das desigualdades.

> "Ou bem se nega a discriminação racial e se explica as desigualdades em função de uma inferioridade negra, apoiada num imaginário no qual o "negro" aparece como feio, maléfico ou incompetente, ou se reconhece as desigualdades raciais, explicadas como uma herança negra do período escravocrata. De qualquer forma, os estudos silenciam sobre o branco e não abordam a herança branca da escravidão, nem tampouco a interferência da branquitude como uma guardiã silenciosa de privilégios." (CARONE; BENTO, 2002, p.41)

O racismo e machismo existentes na sociedade brasileira agudizam as desigualdades sociais existentes em decorrência do capitalismo e afetam principalmente as mulheres negras, que se encontram em situação de desvantagem em todos os indicadores sociais existentes, a junção do racismo com o machismo afeta toda população negra, mas vitimiza principalmente as mulheres negras. As desigualdades sociais são inerentes ao capitalismo, mas é a existência do machismo e do racismo que faz as mulheres negras vivenciarem uma articulação perversa formada pelas desvantagens geradas em decorrência da trilogia classe, raça e gênero. Dessa forma, se transformando em mecanismos do capitalismo para sustentar um sistema de produção que depende da exploração para assegurar os interesses do capitalismo.

A causa principal dessa agudização sobre as mulheres negras no Brasil tem como origem os três séculos de escravismo, que atualizou suas formas de afastamento delas do padrão socioeconômico viável para o sistema, mantendo um padrão sexista e machista na sua essência, assim atualizando, mas mantendo suas formas de reproduzir desvantagens.

Mira Cisne coloca que, na escravidão, antes do sistema capitalista, há uma apropriação do indivíduo como um todo, não só da sua força de trabalho: do seu corpo, da sua vida, do seu tempo, integralmente, não só quando ele está sendo explorado no trabalho. Porém no capitalismo, para as mulheres essa relação de apropriação não foi eliminada, nessa dita sociedade do trabalho livre, do trabalho assalariado, as relações de apropriação sobre a mulher permanecem e atualmente encontra no neoliberalismo terreno fértil para o seu acirramento. Assim, embora o machismo exista anterior ao capitalismo, ele encontra no racismo condições férteis para sua proliferação[30], se acirrando a cada nova determinação do capital.

---

30 De acordo com Mirna Cisne o capitalismo como sistema também veio de um processo histórico. E embora seja mais atual do que o racismo e mesmo do que o patriarcado, ele se apropria desses dois sistemas. Nosso entendimento é que o patriarcado e o racismo são estruturantes, foram apropriados na própria ordem do sistema capitalista. Tanto que a gente se refere a um sistema patriarcal-racista-capitalista. Porque essas dimensões de desigualdade são funcionais para a lógica de produção e reprodução do capitalismo, na medida em que você tem uma força de trabalho mais desvalorizada, no caso das mulheres, dos negros e negras e, especialmente, das mulheres negras. Isso é absolutamente funcional à

Desta forma o fato de ser mulher e negra na sociedade capitalista atual acirram as desigualdades impostas pelo arranjo socioeconômico existente ao mesmo tempo que dificulta que toda a sociedade se perceba como a cada dia mais desigual. O fato de existir grupos vivenciando situações mais desiguais, serve para que alguns grupos se conformem com as desvantagens vivenciadas, atualmente a mão de obra em geral tem sido, pauperizada e mal remunerada, principalmente após a reforma trabalhista e previdenciária. Um dos exemplos desta divisão se dão por trabalhadores brancos ao presenciarem o conjunto de desvantagens vivenciadas por trabalhadores negros em sua maioria, sempre direcionados aos trabalhos que não exigem mão de obra especializada, e em sua maioria estão fora do trabalho protegido e especial as mulheres negras em sua maioria realizadoras de trabalhos domésticos.

> "A história do racismo moderno se entrelaça com a história das crises estruturais do capitalismo. A necessidade de alteração dos parâmetros de intervenção estatal a fim de retomar a estabilidade econômica e política – e aqui entenda-se estabilidade como o funcionamento regular do processo de valorização capitalista – sempre resultou em formas renovadas de violência e estratégias de subjugação da população negra." (ALMEIDA, 2020)

Essas novas configurações aumentam os efeitos da desigualdade social existentes em decorrência do capitalismo, ao mesmo tempo intensificam as demais desigualdades existentes em virtude dessa como, gênero, sexual, raça e etnia. Desse modo, as formas de organizações e lutas dos trabalhadores também necessitam ser diversificadas e intensificadas.

---

lógica de lucro do capitalismo. Então, a própria história do capitalismo foi fundida com a lógica de exploração do patriarcado e do racismo. http://www.epsjv.fiocruz.br/noticias/entrevista/a-propria-historia-do-capitalismo-foi-fundida-com-a-logica-de-exploracao-do

"Poderiam ser citadas, entre muitas outras: as lutas dos trabalhadores sem-terra pela reforma agrária; dos trabalhadores sem teto nas cidades; dos assalariados rurais e urbanos; o movimento das nações indígenas pela preservação de seu patrimônio material e cultural; dos quilombolas em defesa de suas terras e de sua identidade; das mulheres do campo e da cidade pelo reconhecimento de seus direitos; dos velhos trabalhadores, hoje aposentados; dos afro-descendentes pela preservação de suas raízes e direitos; além das expressões culturais de contestação da juventude trabalhadora da periferia das grandes cidades. Essa multiplicidade de sujeitos e de formas de luta tem uma trama comum, oculta na diversidade de suas expressões: a trama dos destituídos de todas as formas de propriedade afora a sua força de trabalho – o conjunto dos membros das classes trabalhadoras forjados na sociabilidade sob o comando do capital. A sua sobrevivência depende da produção direta dos meios de vida ou da oferta de emprego pelo capital – cada dia mais restrito e carente dos correspondentes direitos – para obtenção do equivalente necessário à sua sobrevivência e preservação de patrimônio cultural." (IAMAMOTO, 2008)

Entre os enormes desafios, a necessidade de se discutir as maiores desvantagens trazidas por uma sociedade pautada por discussões de ganhos econômicos, mas que se furta de questões como cidadania e democracia.[31] Neste universo de ausência de discussões das manifestações da questão social,

---

31 Milton SANTOS acredita que a cidadania existe a partir do momento em que o cidadão tem as condições básicas para a sua subsistência, tais como direito a um teto, à saúde, à educação, à moradia, à justiça, ao trabalho, à liberdade, enfim, a uma existência digna, no entanto, no neoliberalismo estes direitos não estão sendo respeitados. Há, portanto, uma descidadanização da cidadania. Ou, ainda, "é uma cidadania mutilada, subalternizada" (SANTOS, 1993, p. 24).

Neste sentido podemos afirmar a crise de cidadania no neoliberalismo uma vez que para esse ideário ser cidadão significa apenas ter acesso ao consumo. Ainda relacionada a democracia ela está aquém do direito de votar e ser votado já que em alguns países onde o resultado das urnas não reafirmara o seu ideário houve desrespeito e a imposição de governos aliados a esses interesses.

o machismo e o racismo são componentes ideológicos estruturantes na manutenção das desigualdades existentes. O obscurantismo e a insuficiência de discussões e ações de combate ao racismo e ao machismo relegam os grupos mais desfavorecidos – formado por mulheres, população LGBTQIA+, negros – ao posto de seres pouco desejáveis e/ou significantes.

> "A desigualdade é normalizada por uma hierarquia racial, tornando invisíveis situações iniquidade e mesmo de violações de direitos. Pobreza, mendicância, populações habitando lixões, são inúmeras as situações que não são identificadas como algo a ser enfrentado. Ao contrário, tudo isso faz parte da paisagem social brasileira. O racismo impede o reconhecimento dos pobres e miseráveis como iguais, sugerindo a existência de categorias distintas de pessoas. Para um grupo a cidadania plena, para outros, "a vida como ela é" ... Está criado assim o caldo de cultura para a perpetuação da desigualdade". (THEODORO, 2014)

Assim, há necessidade de se observar tais grupos, reconhecê-los como cidadãos de direitos, porém em desvantagens ao capitalismo e sua necessidade de manutenção da desigualdade e divisão da classe trabalhadora. Tal condição deveria efetivar e levar a novas ações coletivas, combinando estratégias e táticas com movimentos sociais e de organizações da sociedade civil:

> "Somos desiguais, convivemos com a desigualdade e o fazemos com um certo desleixo, em um processo de naturalização da pobreza, mesmo quando ela atinge proporções extremas e abjetas, [...]. A sociedade brasileira parece operar com uma espécie de *pacto com a desigualdade*." (THEODORO, 2007/2008, p.02)

As desvantagens atingem em especial as mulheres negras. Enquanto parte da classe trabalhadora, as mulheres negras, já penalizadas pelo racismo e pelo machismo, são vítimas de uma trilogia perversa formada por classe, gênero e raça nesta discussão. Assim ainda aprofundaremos o tema das desvantagens sobre as mulheres negras, mas, antes, é preciso assinalar alguns determinantes da questão racial no Brasil.

A questão racial no Brasil diz respeito ao negro, como etnia e categoria social, como a mais numerosa "raça", no sentido de categoria criada socialmente, na trama das relações sociais desiguais, no jogo das forças sociais, como as quais se reiteram e desenvolvem hierarquias, desigualdades e alienações (IANNI, 2004, p. 143). Conforme salienta Almeida (2020):

> "(...) formas de discriminação como o racismo só se estabelecem se houver a participação do Estado, que pode atuar diretamente na classificação de pessoas e nos processos discriminatórios (escravidão, apartheid e nazismo) ou indiretamente, quando há omissão diante da discriminação, permitindo-se que preconceitos historicamente arraigados contra negros, mulheres e gays se transformem em critérios "ocultos" ou regras "não inscritas" que operam no funcionamento das instituições, na distribuição econômica (emprego e renda, por exemplo) e na ocupação de espaços de poder e decisão."

Assim é possível influir que o racismo institucional existe em cooperação e sustentação ao racismo estrutural e vice-versa, o racismo institucional existe em decorrência do racismo estrutural e se mantem através de leis regras e normas a estrutura racista vigente, consequentemente a estrutura racista depende das regras e normas para a sua continuidade. Dessa forma, as análises presentes neste texto consideram que é a manutenção do racismo estrutural que justifica a existência do racismo institucional que atua para legitimar as ações e desvantagens de forma continuadas.

A população negra vivencia além da desigualdade social, que estabelece seu lugar predominantemente entre a classe trabalhadora, também a desigualdade racial, que lhe assegura espaços de subalternidade, nas piores escalas de acesso a bens e serviços, e entre outras determinantes que a impedem de usufruir igualmente oportunidades e ainda a coloca entre os mais vulneráveis socialmente. Assim, a população negra é mais exposta à pobreza, à miserabilidade e à violência.

> "O racismo foi abrindo caminhos para o abismo social entre negros e não negros na sociedade brasileira. Por esse motivo, buscamos explicitar não ser esse um problema que se limita ao âmbito interpessoal, comportamental, sendo uma questão estruturante das relações sociais, que em sua intersecção com o gênero e a classe demarca lugares sociais. Daí a importância de observar as singularidades históricas, sob o risco de afastar o debate ideológico do combate ao racismo de questões ligadas a transformações societárias. 469 Desse modo, é preciso inverter o sentido de cobrança da "consciência de classe" pendente hoje sobre as intervenções políticas de recorte racial, buscando compreender de que modo é possível construir saberes voltados à emancipação completa por meio da integração do racismo e do sexismo como partes estruturantes da reflexão. Enfatiza-se: o esteio anticapitalista da luta contra o racismo é fundamental; sem ele, as intervenções resumem-se à integração do negro à sociedade salarial." (DEVULSKY, 2016, p. 27)

Conforme elucida Ianni, a sociedade brasileira foi historicamente estruturada no conservadorismo e no protagonismo de determinados grupos sociais em detrimento de outros. De acordo com Jaccoud (2016), as principais interpretações vigentes para os discursos a favor do desenvolvimento nacional brasileiro sobre o processo de transição do trabalho escravo para o trabalho livre vêm caracterizar e servir como base aos que privilegiam um enfoque de valorização do elemento branco, em detrimento do negro.[32]

---

[32] São várias as teorias de embranquecimento que assolam a historia brasileira, em finais do século 19, ao mesmo tempo em que o país se preparava para abolir a escravidão, tomava força e virava moda uma série de teorias do determinismo racial, também conhecidas como darwinistas sociais. Elas divulgavam a concepção, na época considerada científica, de que as raças se constituíam em fenômenos não apenas "finais", como

"essenciais"; eram "ontologicamente" diferentes. buscavam, também, estabelecer hierarquias rígidas, nas quais os brancos (europeus) apareciam no topo da pirâmide social, enquanto negros e indígenas figuravam na sua base. Sem qualquer inocência, as populações saídas da escravidão, que não viram durante a Primeira República a implementação de projetos de inclusão e padeciam com esse tipo de teoria racial, desacreditavam do alcance da ideia de igualdade em um país onde os postos de mando estavam (e estão) basicamente concentrados por representantes brancos (e homens) que acreditam que ao país é reservado um "futuro brilhante", porque europeu. Esse tipo de teoria não é mais considerada científica. No entanto, nos dias de hoje, ela migrou para a poderosa "teoria do senso comum", que continua a circular no Brasil, de forma sinuosa. Link para matéria: https://www.nexojornal.com.br/colunistas/2019/Pol%C3%ADticas-de-branqueamento-no-passado-e-no-presente

De acordo com Mario Theodoro no artigo "As políticas da desigualdade racial no Brasil: uma república erguida com cotas para os brancos", as políticas migratórias foram estabelecidas dentro desse contexto: os imigrantes europeus eram vistos como meio próprio para aumentar rapidamente a proporção de brancos, possuidores do *capital eugênico* necessário para o processo de civilização nacional. Essa política deve ser vista como uma política de desenvolvimento, onde raça e racismo se relacionavam diretamente com o progresso da nação. O <u>decreto nº 528, de 28 de junho de 1890</u>, regulariza a política migratória no território nacional, com destaque para o impedimento da entrada de africanos e asiáticos e a livre circulação de trabalhadores europeus:

"É inteiramente livre a entrada, nos portos da Republica, dos *indivíduos válidos* e aptos para o trabalho, que não se acharem sujeitos à ação criminal do seu país, excetuados os indígenas da Ásia, ou da África que somente mediante autorização do Congresso Naciónal poderão ser admitidos de acordo com as condições que forem então estipuladas."

Desse modo, as políticas públicas voltadas à promoção da imigração europeia, fortemente inspiradas na ideologia do branqueamento (fruto do debate científico que deu ossatura para a eugenia nacional) são fatores primordiais para entendermos a desigualdade entre brancos e negros no Brasil. O período mais intenso de entrada de imigrantes brancos se deu entre 1888 e 1900, com aproximadamente 1,5 milhão de imigrantes – em sua maioria de origem italiana. De acordo com Mário Theodoro (2005), "o governo brasileiro subsidiou quase 80% do total dos gastos dos imigrantes que aqui chegaram nesse período". A <u>Lei nº 28 de 1884</u>,

"(...) a história do mundo moderno é também a história da questão racial, um dos dilemas de modernidade. Ao lado de outros dilemas, também fundamentais, como as guerras religiosas, as desigualdades masculino-feminino, o contraponto natureza e sociedade e as contradições de classes sociais, a questão racial revela-se um desafio permanente, tanto para indivíduos e coletividades como para cientistas sociais, filósofos artistas". (IANNI, 2004, p.23)

Para Flávia Oliveira, "A desigualdade racial no Brasil é tão intensa que, se o Índice de Desenvolvimento Humano (IDH) do país levasse em conta apenas os dados da população branca, o país ocuparia a 48ª posição, a mesma da Costa Rica, no ranking de 174 países elaborado pela Organização das Nações Unidas (ONU). Isso significa que, se brancos e negros tivessem as mesmas condições de vida, o país subiria 26 degraus na lista da ONU – hoje, está em 74º lugar. Em contrapartida, analisando-se apenas informações sobre renda, educação e esperança de vida ao nascer dos negros e

---

aprovada pelo governo paulista, reservou vultosos recursos para atrair imigrantes europeus, bem como terras agriculturáveis de excelente qualidade para compra a prazo, com acesso a crédito barato e condições especiais de pagamento:

"**Art. 1. °**: O governo auxiliará os imigrantes da Europa e ilhas dos Açores e Canarias, que se estabelecerem na província de São Paulo, com as seguintes quantias, como indenização de passagem: 70$000 para os maiores de 12 anos; 35$000 para os de 7 a 12 e 17$500 para os de 3 a 7 anos de idade.

Art. 2.°: O governo dará hospedagem, por 8 dias, na hospedaria dos imigrantes da capital, a todo o imigrante que vier para a província, embora sem destino à lavoura, quer tenha desembarcado no porto de Santos, quer no do Rio de Janeiro, devendo, neste caso, trazer uma guia da inspetoria geral do terras e colonização.

Art. 3.°: O governo fica autorizado a criar até 5 núcleos coloniais ao lado das estradas de ferro e margem dos rios navegados, nas proximidades dos principais centros agrícolas da província."

mestiços, o IDH nacional despencaria para a 108ª posição, igualando o Brasil à Argélia no relatório anual da ONU."

Ao longo dos últimos anos, as questões relativas à igualdade de gênero e raça têm ocupado cada vez mais espaço na agenda pública nacional, tanto no que se refere aos debates e reflexões promovidos pelo movimento social e pela academia, quanto à apropriação dos temas pelas instituições do Estado, que vêm respondendo ao clamor da sociedade civil organizada por meio da implementação de políticas públicas sobre o tema, ainda que insuficientes ou incompletas. Vale ressaltar que essa questão não tem sido prevalente nos quatro últimos anos[33], nos quais os pactos de democracia e cidadania parecem não valer.

> Para entender as desigualdades no Brasil é necessário ter em mente que gênero e raça se entrecruzam e marcam a vida das pessoas e as condições objetivas de acessar as oportunidades e que o desenvolvimento das políticas públicas, ao longo da história do Brasil, está intimamente relacionado ao desenvolvimento político, social e econômico da sociedade. Levando isso em consideração, percebemos que a oferta de serviços essenciais expandiu-se nas últimas décadas, mas não evoluiu da mesma maneira para os diferentes grupos. (SANTOS, 2018, p.1)

Nesse contexto, o desenvolvimento de um conjunto de políticas de caráter afirmativo, que se somam às importantes políticas universais, tem contribuído, sem dúvida, para a conformação de uma sociedade que avança. Porém pensar o acesso da população negra aos direitos sociais, econômicos, culturais e jurídicos no Brasil é considerar o processo histórico que marca e define "o lugar" dos negros e negras na sociedade brasileira, assim como requer conhecimento sobre os obstáculos que dificultam avançar.

---

33 Estamos nos referindo a 2016 pós impeachment da então presidenta Dilma e de forma acelerado pelo governo em curso a partir de 2018.

Estudo divulgado pelo Instituto Brasileiro de Geografia e Estatística (IBGE) em 2018 revela que no Brasil, 55,8% da população se declarou preta ou parda (a soma das duas raças resulta nos negros). Entretanto, no estrato dos 10% com maior rendimento per capita, os brancos representavam 70,6%, enquanto os negros eram 27,7%. Entre os 10% de menor rendimento, isso se inverte: 75,2% são negros, e 23,7%, brancos. A mesma pesquisa demonstra que os homens brancos estão no topo da pirâmide dos maiores rendimentos. Para cada R$ 1.000 recebidos por esse grupo, são pagos R$ 758 para mulheres brancas, R$ 561 para homens pretos ou pardos e R$ 444 para mulheres pretas ou pardas.[34]

A publicação pelo IPEA do trabalho "Retrato das desigualdades de Gênero e Raça"[35], com dados para o período de 1995 a 2015, sobre gênero e raça, permitem dimensionar as grandes distâncias que ainda separam homens e mulheres e negros e brancos. De qualquer ângulo em que se tomem estes grupos – no campo da saúde, do trabalho, da educação, no espaço doméstico –, a realidade ainda revela muitas desigualdades.

Considerando os aspectos históricos e atuais a questão racial alicerça e aprofunda as demais desigualdades, sendo a desigualdade entre brancos e negros um dos aspectos persistentes historicamente na sociedade brasileira. Assim, desigualdades de gênero e raça são estruturantes da desigualdade social **brasileira que se aprofunda na égide do neoliberalismo.**

---

34 https://noticias.uol.com.br/cotidiano/ultimas-noticias/2019/11/13/

35 O estudo que o Ipea produz desde 2004 em parceria com a ONU Mulheres, tem como objetivo disponibilizar dados sobre diferentes temáticas da vida social, com os recortes simultâneos de sexo e cor/raça, com indicadores da Pnad (Pesquisa Nacional por Amostra de Domicílios), do IBGE. Importante ressaltar que não há gráficos indicadores das desigualdades pelo fato de evitar discussões quantitativas e pelo entendimento que essa situação vem se agudizando como neoliberalismo e atualmente no contexto da epidemia,

CAPÍTULO 04.

AS POLÍTICAS SOCIAIS E A PERPETUAÇÃO DA POBREZA E DO RACISMO

"Escrevo a miséria e a vida infausta dos favelados. Eu era revoltada, não acreditava em ninguém. Odiava os políticos e os patrões, porque o meu sonho era escrever e o pobre não pode ter ideal nobre. Eu sabia que ia angariar inimigos, porque ninguém está habituado a esse tipo de literatura. Seja o que Deus quiser. Eu escrevi a realidade."

CAROLINA MARIA DE JESUS

O capitalismo produz e reproduz relações sociais fundadas na propriedade privada e na expropriação do trabalho, todas as suas relações visam a acumulação do capital. Essa lógica se materializa numa contradição fundamental: produção social da riqueza versus apropriação privada da riqueza socialmente produzida, ou seja, a desigualdade social que tem como fundamento a divisão entre a classe social que produz e a que se apropria dos bens produzidos, essa desigualdade não causa estranheza por estar nos fundamentos do capitalismo, a acumulação e a posse da propriedade privada são lícitas e devem ser garantidas por lei e pela ordem social vigente. Essa questão localiza-se no âmbito de relações constitutivas de um padrão de desenvolvimento capitalista extremamente desigual no qual coexistem a acumulação do capital e a miséria. As contradições legitimadas como um sistema social vigente reproduzem, na sociedade, um conjunto de problemas políticos, sociais e econômicos que são tratados de acordo com a organização das classes exigentes naquele determinado momento político de forma que não inviabilize ao organização do sistema. Quem detém os meios de produção exploram quem possui apenas a força de trabalho e essa dominação não acontece sem conflitos e atendimentos de interesses e necessidades dos trabalhadores.

Se o acúmulo de riqueza é o objetivo principal de uma determinada classe, faz-se necessário, em contraponto, a exploração de outro grupo, possuidor da força de trabalho, para que se garanta tal acumulação. Desenvolve-se, assim, uma relação na qual tanto o desejo pelo lucro quanto a exploração são comportamentos aceitos como naturais e lícitos numa sociedade de classes, ideologicamente, por parte dos dominantes espera-se da classe trabalhadora adesão harmoniosa a ordem vigente e para tanto divulga a harmonia social como forma justa de organização social. Já os críticos do sistema explicam a sociedade pela divisão social de classe, justificando que essa forma de divisão causam as expressões da questão social [36]e colocam a necessidade dos trabalhadores a lutarem pelo seu reconhecimento e de suas necessidades. Nesse sentido é relevante a percepção dos indivíduos quanto ao surgimento das expressões da questão social.

> É nesse sentido que além das *condições objetivas* – e aqui referimo-nos às possibilidades materiais para o desenvolvimento das relações sociais capitalistas – o capitalismo necessita de *condições subjetivas*. Com efeito, os indivíduos precisam ser *formados*, *subjetivamente constituídos*, para reproduzir em seus atos concretos as relações sociais, cuja forma básica é a troca mercantil. Nisso, resulta o fato de que um indivíduo precisa *tornar-se* um trabalhador ou um capitalista, ou seja, precisa "naturalizar" a separação entre "Estado" e "sociedade civil", sua condição social e seu pertencimento a determinada classe ou grupo. Esse processo, muitas vezes, passa pela incorporação de preconceitos

---

36 Conforme já descrito de acordo com Lúbia Badaró as expressões da questão social atualmente são múltiplas pobreza, desemprego, violência, discriminação de gênero, raça, etnia e orientação sexual, trabalho precário, dificuldade de acesso à saúde, à educação e ao trabalho, falta de moradia, violação dos direitos das crianças e idosos).

> e discriminação que serão "atualizadas" para funcionar como modos de subjetivação no interior do capitalismo. Este processo não é "espontâneo"; os sistemas de educação e meios de comunicação de massa são aparelhos funcionam justamente produzindo subjetividades culturalmente adaptadas em seu interior. Não é por outro motivo que parte da sociedade entende como um mero aspecto "cultural" o fato de negros e mulheres receberem os piores salários e trabalharem mais horas mesmo que isso contrarie disposições legais. (ALMEIDA, 2020)

Na atualidade várias discussões reafirmam a necessidade de inclusão de novas categorias de análise, além do capital/trabalho, ampliando para as conexões que também asseguram a estrutura capitalista e sua divisão em classes sociais, neste sentido gênero e raça torna-se fundamental para compreensão das condições materiais para o desenvolvimento das relações sociais capitalistas vigentes. A origem desses conflitos trazidos por essas categorias, são anteriores ao capitalismo, mas estão situados no conflito de classes e alicerçam a sua manutenção e até mesmo subdivide a classe entre outros aspectos muitas vezes considerados menos relevantes, como, por exemplo, gênero e raça. Embora esses conflitos não necessariamente estejam relacionados a classe, eles asseguram a manutenção de uma forma de organização social importante a sociedade de classes.

> O conflito social de classe não é único conflito existente na sociedade capitalista. Há outros conflitos que ainda que se articulem com as relações de classe, não se originam delas e, tampouco desapareceriam com ela: são conflitos raciais, sexuais, religiosos, culturais e regionais que podem remontar a períodos anteriores ao capitalismo, mas que nele tomam uma forma especificamente capitalista. Portanto, entender a dinâmica dos conflitos raciais e sexuais é absolutamente essencial à compreensão do capitalismo, visto que a dominação de classe se realiza nas mais variadas formas de opressão racial e sexual. A relação entre Estado e sociedade não se resume à troca e produção de mercadorias, as relações de opressão e de exploração sexuais e raciais são importantes na definição do modo de in-

> tervenção do Estado e na organização dos aspectos gerais da sociedade. Há, portanto, um nexo estrutural entre as relações de classe e a constituição social de grupos raciais e sexuais que não pode ser ignorado. (ALMEIDA, 2020)

Desta forma refletir a sociedade capitalista e sua divisão injusta de classe, também é necessário abordar as subdivisões existentes na organização social e de que forma elas se articulam. A divisão entre classes sociais define o caráter injusto de exploração, mas não demonstra a extensões de relações que ela organiza para manter a exploração e a manutenção do capitalismo. Ao buscar estratégias e alternativas de lutas dentro do capitalismo não se pode limitar apenas na questão da classe social, mas como outras diferenças interseccionam para aumentar as desvantagens. Na questão de gênero e raça alguém da classe trabalhadora pode ter suas desvantagens acrescidas em razão de ser homem ou mulher, branco ou negro. Como consequência de desvantagens acrescidas temos, por exemplo a feminização da pobreza estando localizadas principalmente entre as mulheres negras.

Neste contexto devido as desigualdades sociais existentes entre as classes as políticas públicas são consideradas fundamentais nas discussões por concretizar direitos sociais através das políticas sociais, sendo assim as políticas sociais devem ser compreendidas como um direito de cidadania. As políticas sociais, para o sistema capitalista, funcionam como um tratamento dado à desigualdade social, pois apaziguam as tensões ao mesmo tempo em que mantêm as estruturas de propriedade e de riqueza. Contraditoriamente, para as classes populares, as mesmas políticas sociais são efetivamente o acesso à bens e serviços que, de outra maneira, não lhes seria possível obter e, nesse sentido, expressam os interesses dos trabalhadores. Desta forma estão colocadas a natureza contraditória das políticas sociais e sua utilização em uma sociedade de classes.

O grupo dominante difunde a ideologia conservadora de responsabilização da população, omite as consequências da divisão de classes sociais e responsabiliza os indivíduos por seus sucessos ou fracassos, ocultando e negando as causas estruturais que geram a pobreza e a miséria. Nesse sentido existe uma divisão importante entre o conjunto de políticas sociais relevantes, divulgadas como políticas capazes de propiciar igualdade de oportunidade aos cidadãos, que conta com o consentimento da maioria da população enquanto direito, e as políticas de cunho assistencial, de abrangência restrita, com focalização em segmentos e situações específicas, que conta com o consentimento de ser políticas complementares as ações do próprio indivíduo e ou de familiares, que devem ser executadas de forma provisória e se socorro em situações limites até que o indivíduo retorne ao trabalho, desta forma não são vistas como direito e quando não são tratadas como direitos de todos, assumem um caráter meramente compensatório. São essas políticas sociais residuais e precárias que atendem as pessoas em situação de pobreza, neste contexto, pessoas em situação de rua, mulheres chefes de família, desempregados e ou incapacitados para o trabalho, em sua maioria pessoas negras e entre elas mulheres negras.

O caráter assistencial corrobora a percepção e justificativa conservadora do não direito, são parte de um projeto antidemocrático, necropolítico e planejado que afetam na atualidade principalmente os usuários de programas sociais, especialmente, pobres, negros, mulheres, LGBT e classe trabalhadora.

Desta forma a proteção social do Estado mediante políticas sociais são viabilizadas quando há o reconhecimento da sociedade civil de que a questão não é um problema individual, mas tem suas raízes na forma como a sociedade está organizada. No contexto do capitalismo a intervenção do Estado mediante políticas sociais amenizam as dificuldades vivenciadas sem, no entanto, na maioria das vezes resolver as desigualdades que as originaram. Todavia, é fundamental o reconhecimento social de que se trata de demandas que necessitam da intervenção do Estado com continuidade e recursos próprios. Até que isso aconteça numa sociedade pautada pela desigualdade e ideia de mérito, uma sucessão de injustiças e mortes acontecem sem a percepção das causas.

Baseado nas peculiaridades brasileiras, pode-se garantir que embora as políticas sociais sejam fundamentais as pessoas em situação de pobreza em seu cotidiano e deveriam ter como objetivo principal garantir o princípio de justiça social, acatando, prioritariamente, suas demandas, porém o que se vivencia é uma relação em que é preciso destituir-se de todos os direitos para galgar proteção social, insuficiente e provisória, o que predomina de acordo com Silva são, a adoção de programas fragmentados, descontínuos e insuficientes para produzir impactos significativos.

Silva ressalta que no Brasil, a pobreza aprofundou-se como consequência de um desenvolvimento concentrador da riqueza socialmente produzida e dos espaços territoriais, representados pelos grandes latifúndios no meio rural, e pela especulação imobiliária no meio urbano. Tem raízes na formação sócio-histórica e econômica da sociedade brasileira. Acrescentamos ainda como consequência a sociedade escravocrata que perdurou por três séculos e que se findou sem nenhuma política de inclusão e restituição do povo negro, o que se apresenta desde o pós-abolição são iniciativas de isolamento, segregação e isolamento do povo negro.

Conforme citado em outros capítulos a manutenção do racismo foi tangido na sociedade brasileira durante a escravidão e principalmente no pós abolição por teorias, leis, divulgação de crenças que solidificaram as desigualdades raciais e o afastaram das possibilidades de oportunidades na sociedade, ao mesmo tempo essas iniciativas solidificaram e naturalizaram essas desigualdades de forma que a sociedade e até mesmo muito dos vitimizados não as compreendessem assim. Como resultante entre uma das mais danosas temos as pessoas em situação de pobreza e sem perspectivas dentro do país, quase todas negras e em sua maioria mulheres.

Dessa forma as ações estatais para amenizar os conflitos existentes em virtude das desigualdades sociais devem conter em seu interior ações especificas direcionadas as demais desigualdades e em especial as abordadas neste texto, ações de combate à pobreza e as direcionadas ao combate às desigualdades raciais. Essa omissão tem resultado em várias lacunas, que permanecem naturalizadas, sendo resolvidas por esforço individual sem necessidade de intervenções estatais tendo como decorrência a manutenção das desigualdades como afirma Theodoro:

> O tema das desigualdades raciais se afirmou no Brasil no bojo de um ampliado debate sobre a questão social. Em torno deste tema sobre puseram-se as demandas de enfrentamento ao racismo e à discriminação racial e as demandas de combate às desigualdades sociais. O cruzamento das duas pautas foi realizado por meio do progressivo reconhecimento do racismo como mecanismo de produção e reprodução das hierarquias sociais e fator de restrição da mobilidade social da população negra, opondo assim poderosos obstáculos à dinâmica da igualdade de oportunidades, e marcando fortemente a natureza da desigualdade social brasileira.

No Brasil demorou para a pauta racial obter protagonismo, por longos períodos houve a defesa, inclusive por muitos que compreendiam a existência do racismo na sociedade brasileira, de que o debate racial estava contido na discussão de classes, aos que não admitem a existência do racismo esse debate sempre pareceu *desnecessária*.. O debate da universalidade das políticas sociais centrado na relação capital/trabalho, dificultou a compreensão da relação gênero e raça enquanto intersecciona dores das relações desiguais. É fato que na história da política social brasileira houve avanços em especial pós constituição Brasileira de 1988[37] embora já existisse nesse período a luta do movimento negro contra o racismo e seus efeitos nefastos na sociedade brasileira.[38] Assim o combate às desigualdades raciais com ações efetivas do Estado foi sempre lento, gradual e aquém da extensão das necessidades. mesmo com essas constatações, ressaltamos a importância da constituição de 1988 foi importante para a história da proteção social brasileira e

---

37 Para análise mais detalhada desta periodização da proteção social brasileira consultar Potyara Pereira no livro Necessidades Humanas Subsídios à crítica dos mínimos sociais especificamente o capítulo VII Políticas de Satisfação das Necessidades no Contexto Brasileiro, páginas 123 a 180.

38 Conforme boletim do - Repositório do Conhecimento do Ipea **sobre Igualdade Racial a** mobilização criada em torno da Assembleia Nacional Constituinte, cuja instalação coincidiu com o Centenário da Abolição, em 1988, contribuiu para o surgimento da primeira instituição governamental federal voltada aos negros, a Fundação Cultural Palmares. Apesar de representar um efetivo avanço, pois, pela primeira vez, havia no governo federal uma instituição dedicada especificamente à defesa dos interesses da população negra, sua vinculação ao Ministério da Cultura reflete uma visão marcadamente cultural das relações raciais. Tal visão ainda não havia incorporado as denúncias das desigualdades raciais e de sua perpetuação por meio dos processos de mobilidade social e de realização socioeconômica que começaram a surgir na década de 1980.

mesmo não abarcando no primeiro momento as discussões que referendavam o combate às desigualdades raciais existentes, através das discussões que possibilitaram o avanço da proteção social brasileira e do seu alcance. O resultante desta situação são os indicadores sociais que demonstram seus efeitos como pobreza e desvantagens cumulativas ao povo negro, em especial as mulheres negras. Ao analisar os avanços das políticas sociais brasileiras pós constituição de 1988, Jaccoud (2008, p. 62) afirma relacionando a questão da pobreza e desigualdade racial que:

> Embora com dificuldade de diversas naturezas, como as que se referem à garantia de qualidade nos serviços de educação e saúde, a ampliação das coberturas das políticas sociais teve impactos importantes na redução da desigualdade entre brancos e negros no que diz respeito ao acesso aos serviços e benefícios. Contudo, se políticas sociais universais são imprescindíveis para o combate às desigualdades raciais em um país com o histórico de racionalização da pobreza, como é o caso do Brasil, nos últimos 20 anos elas foram, progressivamente, deixando de ser consideradas como os únicos instrumentos necessários a serem adotados face ao objetivo de redução das desigualdades raciais. Nesse sentido, a discriminação racial e o racismo, atuando de forma a restringir a igualdade de oportunidades e alimentando o processo de manutenção da população negra nas piores posições da sociedade brasileira, passaram a ser objeto cada vez mais presente em debates e foco de proposições.

Assim as correlações de forças no Brasil não foram suficientemente fortes para obter uma ação efetiva no combate às desigualdades raciais mesmo com toda a luta e mobilização realizada pelo movimento negro no decorrer dos anos[39].

---

39 (..) nas décadas de 70 e 80, vários grupos são formados com o intuito de unir os jovens negros e denunciar o preconceito. Protestos e atos públicos das mais diversas formas passam a ser realizados, chamando a atenção da população e governo para o problema social – como a manifestação no Teatro Municipal de São Paulo, que resultaria na formação do Movimento Negro Unificado. A Marcha Zumbi, realizada em

Permitindo que as desvantagens múltiplas, econômicas, sociais e políticas fossem se ampliando, sem, contudo, receber a atenção e contestação social necessária para a cessar seus efeitos nefastos

Ao se verificar quem são os principais vitimizados pelas condições de pobreza é observável por todos os indicadores sociais que são pessoas negras, porém esse recorte é pouco observado pela sociedade em geral e pelos vitimizados por essa situação. Segundo o IBGE, o rendimento médio domiciliar per capita de pretos e pardos era de R$ 934 em 2018. No mesmo ano, os brancos ganhavam, em média, R$ 1.846 – quase o dobro.

Entre os 10% da população brasileira que têm os maiores rendimentos do país, só 27,7% são negros. Ainda de acordo com o IBGE As taxas de pobreza e de pobreza extrema são maiores entre a população negra. Em 2018, 15,4% dos brancos viviam com menos de US$ 5,50 por dia no Brasil – valor adotado pelo Banco Mundial para indicar a linha de pobreza em economias médias, como a brasileira.

Brasília em 1995, contou com a presença de 30 mil pessoas, despertando a necessidade de políticas públicas destinadas aos negros, como forma compensatória e de inclusão nos campos socioeducativos. Com dados alarmantes do IBGE e IPEA , um decreto do presidente Fernando Henrique Cardoso instituiu o Grupo de Trabalho Interministerial para a Valorização da População Negra. Porém, a instauração de medidas práticas passa a ser realizada só após a Conferência Mundial Contra o Racismo, Discriminação Racial, Xenofobia e Formas Correlatadas de Intolerância (Durban, África – 2001). A partir desse momento, o governo brasileiro passa a ter interesse em demonstrar, efetivamente, o cumprimento de resoluções determinadas internacionalmente pelos órgãos de Humanos. Desse momento em diante, são criados programas de cotas raciais, iniciativas estaduais e municipais, e em 2003, a Secretaria Especial de Políticas de Promoção da Igualdade Racial da Presidência da República (SEPPIR).https://www.politize.com.br/movimento-negro/

Entre pretos e pardos, o percentual era maior: chegava a 32,9% da população.

Também de acordo com o IBGE a pobreza extrema – quando a pessoa vive com menos de US$ 1,90 por dia – atinge 8,8% da população negra no Brasil e 3,6% da população branca. Aqui estão expressos desigualdades econômicas, mas todos os indicadores, saúde, educação, trabalho, violência demonstram a absurda desigualdade entre negros e brancos, acentuando ainda maior desigualdade para o segmento feminino.

Tendo como base o mesmo período pós constituição Jaccoud demonstra que os avanços no sentido da consolidação de políticas sociais universais têm amplia do acesso e as oportunidades da população negra, mas, em geral, não vêm alterando os índices históricos de desigualdade entre brancos e negros, demonstra que somente a política de cotas raciais foi capaz de diminuir as desigualdades entre brancos e negros no âmbito da educação.[40] Neste sentindo estão referendadas de políticas específicas relacionadas ao combate às desigualdades raciais e se uns dos efeitos mais perversos está relacionado a pobreza que juntando com gênero e raça aumenta as consequências e os desafios das pessoas é preciso discutir as possibilidades de políticas afirmativas relacionadas ao povo negro. O IPEA apresenta estudos que demonstram que as políticas universais mesmo

---

40 De acordo com o IBGE EM 2017Depois de mais de 15 anos desde as primeiras experiências de ações afirmativas no ensino superior, o percentual de pretos e pardos que concluíram a graduação cresceu de 2,2%, em 2000, para 9,3% em 2017. Apesar do crescimento, os negros ainda não alcançaram o índice de brancos diplomados. Entre a população branca, a proporção atual é de 22% de graduados, o que representa pouco mais do que o dobro dos brancos diplomados no ano 2000, quando o índice era de 9,3%. Os dados são do Instituto Brasileiro de Geografia e Estatística (IBGE).

diminuindo as desigualdades sociais mantem as desigualdades raciais entre negros e brancos.

"Embora melhores as condições de vida da população negra, políticas que ignorem a questão racial não ajudam a superar a expressão real do preconceito e da discriminação. O mesmo se dá no acesso à saúde ou no aproveitamento das oportunidades educacionais. Na área da educação, por exemplo, é possível comemorar as reduções das diferenças entre negros e brancos em relação ao número de anos de estudo formal ou nos índices de analfabetismo. A taxa de analfabetismo em 1992 era de 10,6% para brancos e 25,7% para negros; em 2009, 5,94% para brancos e 13,42% para negros. Nesse período, embora tenha caído a desigualdade, a taxa dos negros permaneceu mais que duas vezes maior que a taxa da população branca, de acordo com dados do IBGE compilados pelo Ipea"

Esta constatação traz a necessidade de abranger novas formas de configuração das desigualdades, principalmente as relacionadas a raça. Fica comprovado que sem recortes, mesmo reivindicando a universalidade, esse modelo reforça as assimetrias das desigualdades existentes. A questão central a ser enfrentada que as desigualdades raciais requerem ações específicas em seu combate, mesmo considerando a necessidade da continuidade de luta pela universalidade das políticas sociais, neste sentido, universalidade e políticas de ações afirmativas no combate às desigualdades raciais parecem ser o caminho mais exitoso, já que a universalidade sozinha não consegue diminuir a hierarquia racial que garante a manutenção das desvantagens ao povo negro.

(...) a hierarquia racial reforça os diferentes lugares na sociedade, ampliando as dificuldades da construção de "medidas comuns de equivalência", únicas conformadoras da igualdade sobre a qual se sustenta a regrada convivência democrática, quer no campo político, quer no civil ou no social.

A violência social, que perpassa hoje o tecido social e que tem na população negra suas principais vítimas e seus principais autores, manifesta o risco de fragmentação e mesmo de ruptura social que o processo de diferenciação social introduz na medida em que avança, sem que seja contrabalançado por mecanismos políticos e sociais que permitam o reconhecimento de cada um como indivíduo portador de reconhecimento e direitos na ordem pública. (JACCOUD, 2008)

Desta forma as ações afirmativas seriam uma estratégia de enfrentamento da violência que representa a desigualdade racial, o mito da democracia racial é um dos principais fatores que omitem o conjunto de desvantagens acirradas sofridas pela população negra, que permanecem sem visibilidade suficiente e sem efetivas ações no seu combate. São as desigualdades advindas da manutenção do racismo estrutural que permitem a manutenção das várias desvantagens e no caso a pobreza.

As ações afirmativas são políticas públicas focalizadas que buscam **minorar a desigualdade política, social e econômica entre grupos de uma sociedade**. Esse tipo de ação faz-se necessário quando a assimetria de oportunidades entre grupos sociais deriva de suas características culturais, fenotípicas, biológicas ou de injustiças históricas, comuns em sociedades que sofreram processos de colonização escravocrata, segregação racial, guerras civis. Ações afirmativas também são fundamentais em sociedades multiculturais ou com intensos fluxos migratórios.

A premissa básica das ações afirmativas é **promover igualdade de acesso a oportunidades**. As ações afirmativas propõem o tratamento desigual aos desiguais para a construção de uma distribuição equitativa de bens e oportunidades. São importantes mecanismos para a ampliação da mobilidade social ascendente.

Elas permitem, ainda que de forma reduzida, que os caminhos percorridos por indivíduos de determinados grupos sejam frutos de sua escolha, e não de suas circunstâncias. As ações afirmativas abarcam a promoção dos **direitos civis, a emancipação material e a valorização de patrimônio cultural**. (REZENDE, 2019)

Desta forma é possível afirmar que o debate sobre as políticas sociais de combate à pobreza e as políticas sociais destinadas a diminuir as desigualdades sociais podem manter intactas as desigualdades raciais, apesar de todo o esforço dos movimentos sociais envolvidos na temática racial e da sociedade civil envolvida na luta antirracista. A desigualdade racial no Brasil continua imensa e oculta nas amarras do racismo estrutural que já institucionalizou a disseminação dessa estrutura excludente que permanece demonstra nos indicadores sociais que reafirmam os efeitos dessa estrutura de desvantagens aos negros. Pessoas em situação de pobreza são resultantes da falta de intervenção social no combate à desigualdade racial. Se não tivermos programas preventivos, programas que promovam oportunidades continuaremos a ter como resultado a pobreza e a miserabilidade do povo negro e pelas relações de gênero existente na sociedade em especial as mulheres negras.

> "A desconstrução da ideia de que a política para população negra se confunde com a política para população pobre: É fato que a maioria dos pobres é negra. Isso vale em uma proporção ainda maior para a população miserável. Entretanto, é importante distinguir o enfrentamento à pobreza do enfrentamento ao racismo. O preconceito e a discriminação racial aprofundam os mecanismos sociais e econômicos de reprodução da pobreza. Mas se as duas agendas se cruzam e se interpenetram, precisam ser analisadas e operadas em suas especificidades. A pobreza se enfrenta – e se elimina – com crescimento econômico associado a políticas de distribuição da renda e de ativos (política de gradativo aumento real dos salários de base, reforma agrária e reforma tributária progressiva) e construção de um Estado Social de Bem-Estar. (THEODORO, 2008)

É certo que reconhecemos os imensuráveis avanços existentes a partir da luta do movimento negro, como exemplo, a política de cotas raciais nas universidades e nos concursos, a construção do estatuto da igualdade racial, III

Conferência Mundial contra o Racismo, a Discriminação Racial, a Xenofobia e todas as Formas Correlatas de Intolerâncias (2001) realizada na cidade de Durban, África do Sul, Marcha das Mulheres Negras realizada em novembro de 2015 em Brasília, porém ainda não ganhou o destaque suficiente no debate nacional os efeitos da desigualdade racial enquanto consequência do racismo estrutural.

> O objetivo de redução da desigualdade social tem se mostrado insuficiente face à meta de redução das desigualdades raciais. A experiência de universalização das políticas sociais (...)tem mostrado os limites desse processo, face aos mecanismos recorrentes de reprodução do preconceito e da discriminação racial que operam no interior das instituições sociais, inclusive escolas, postos de saúde, hospitais, instâncias policiais e judiciais. Nesse contexto, o reconhecimento da questão racial no Brasil como uma temática estratégica tem dupla relevância. De um lado, ele responde à demanda de tratamento igualitário entre brancos e negros. De outro, dele dependem avanços no campo da desnaturalização da pobreza. Esse é um processo que demanda o enfrentamento de mecanismos tradicionais de reprodução de hierarquias sociais e privilégios com destaque para o racismo, o preconceito e a discriminação –, e a construção de patamares efetivos e concretos de equivalência e reconhecimento entre os cidadãos. (JACCOUD, 2009)

O obscurantismo desta questão na sociedade brasileira aumenta o desafio a ser alcançado, a pobreza é vista majoritariamente como um desafio a ser superado individualmente, são as pessoas nesta condição as responsáveis pela situação em que se encontra, por ser acomodada, preguiçosa, ou seja, não possuir atributos necessárias para obter êxito no sistema capitalismo. Já o racismo não existe e quando existe está localizado apenas em uma pequena parcela da população, não causando abalos na estrutura vigente e devendo ser ignorado para obter êxito nesta sociedade. Ser mulher nesta sociedade é estar situada nas piores oportunidades existentes. Logo, ser mulher e negra naturaliza estar em situação de pobreza. Desta forma, são poucos os aliados para influenciar o Estado a realizar ações importantes e continuadas. Como vimos na pesquisa realizada até as vitimizadas por esta condição pensam a ação do Estado como complementar aos seus esforços e desassociam. completamente a pobreza do racismo, negando os seus nexos estruturais. Esta questão é um obstáculo relevante na efetivação de ações efetivas e continuadas.

A predominância da população negra entre os mais pobres é em si um fator de análise sobre a configuração da desigualdade brasileira, e essa característica deve ser levada em consideração e enfrentada pelas políticas sociais e além de ser reivindicada pela sociedade em geral, em especial também pelos movimentos sociais existentes, gestores de políticas sociais e trabalhadores sociais. São necessárias a promoção de ações afirmativas "que visam oferecer aos grupos discriminados e excluídos um tratamento diferenciado para compensar as desvantagens devidas à sua situação de vítimas do racismo e de outras formas de discriminação." (MUNANGA, 2001, p. 31). Na história recente do Brasil, embora não seja a história vigente pós golpe de 2016[41], sobressaem os avanços em termos de crescimento econômi-

---

41 Situamos como golpe a articulação econômica e política que culminou no impeachment da então presidenta Dilma Roussef, conforme citado em reportagem da revista em 19/05/2016 Carta Capital citando Michael Lowy. Podemos fazer muitas críticas a Dilma: ela não cumpriu as promessas de campanha e faz enormes concessões a banqueiros, industriais, latifundiários. Há um ano a esquerda política e social cobra uma mudança de política econômica e social. Mas a oligarquia de direito divino do Brasil – a elite capitalista financeira, industrial e agrícola – não se contenta mais com concessões: ela quer o poder todo. Não quer mais negociar, mas sim governar diretamente, com seus homens de confiança, e anular as poucas conquistas sociais dos últimos anos. https://www.cartamaior.com.br/?/Editoria/Politica/O-golpe-de-Estado-de-2016-no-Brasil/4/36139

co, de ampliação da escolaridade e de redução da pobreza, resultantes do êxito de políticas sociais e de valorização do salário-mínimo. Estas, associadas à adoção de ações afirmativas, especialmente no campo da educação, produziram evidente melhoria nas condições de vida da população afro-brasileira. Contudo, verifica-se que esse quadro mais geral de aumento de oportunidades tem sido insuficiente para provocar uma significativa redução nas desigualdades raciais e de gênero. Combinados, delineiam visões na sociedade que estereotipam e classificam capacidades e atributos de brancos e negros, de mulheres e homens, de modo a produzir condições diferenciadas de acesso a direitos e a oportunidades. As desvantagens foram se aprofundando desde o pós abolição em um contexto que contraditoriamente envolveram leis, crenças e teorias para a sua implementação, ao mesmo tempo o mesmo arcabouço para sua negação. Assim, as desigualdades históricas propiciaram desvantagens enraizadas dependentes de uma ação planejada com continuidade e recursos públicos no seu combate. Elas estão localizadas em todos os âmbitos das relações humanas, mas tem rebatimentos principalmente na esfera da saúde, segurança pública, educação. Tendo como resultante do seu não enfrentamento, atrocidades como encarceramento, morte, desemprego, as situações de pobreza e miserabilidade localizada principalmente entre os negros.

A questão é que a sociedade que nega a existência do racismo como causa das desigualdades raciais também recusa seus efeitos e necessidade de ações públicas em seu combate, assim o debate sobre ações afirmativas é prejudicado e ao mesmo tempo necessário. Embora no Brasil ainda sejam pouco os debates sobre ações afirmativas, duas características são relevantes no entendimento sobre elas, alguns tem como relevantes que são ações copiadas dos Estados

Unidos e lá elas seriam legítimas porque há segregação e ou ainda que entrelaçadas que se trata apenas das políticas de cotas no ensino superior, de acordo com Carlos Alberto Medeiros (2015).

Apesar de toda a polêmica em torno do tema, o debate sobre ação afirmativa no Brasil ainda é caracterizado pela desinformação. A maioria dos brasileiros desconhece o que seja isso e, entre os poucos que já ouviram falar do assunto, a ideia é deque se trata de um sinônimo de "cotas", que teriam sido adotadas nos Estados Unidos, nas mais diversas áreas, para beneficiar exclusivamente os negros – e que não teriam dado muito certo, já que vez por outra se noticiam incidentes envolvendo racismo naquele país. As opiniões contrárias tendem a predominar, tanto à direita quanto à esquerdado espectro político, embora um certo número de intelectuais de peso se venha manifestando a favor, alguns até reconhecendo terem sido convencidos a mudar deposição no transcurso do próprio debate, dada a força que identificaram na argumentação favorável. Outro dado significativo nesse debate é que ele tem obrigado a "sair do armário" muitos defensores da suposta "democracia racial" brasileira, exatamente como formulada há quase sete décadas – para os quais o Brasil seria mesmo, sob esse aspecto, um verdadeiro paraíso –, ou ligeiramente modificada, para admitir a existência de preconceito e discriminação raciais, que no entanto não seriam tão frequentes ou significativos a ponto de desmentir a visão de senso comum do Brasil como o campeão mundial do antirracismo. Temos, assim, dois tipos de opositores da ação afirmativa no Brasil: os que a julgam desnecessária num país que "não tem esses problemas" e os que, enxergando *alguns* problemas dessa natureza entre nós, prefeririam utilizar, para enfrentá-los, medidas universalistas, com ênfase em propostas genéricas para "aperfeiçoar a educação pública" ou em campanhas publicitárias para "melhorar a imagem do negro". Os defensores dessa posição, tanto uns quanto outros, costumam compartilhar um desprezo sumário pelas pesquisas numéricas sobre desigualdade racial, deixadas de lado como "suspeitas" ou até mesmo "impatrióticas", quando não apresentadas como frutos de uma conspiração orquestrada por interesses alienígenas preocupados em obstar a transformação do Brasil numa grande potência".

A existência de programas de políticas sociais de combate à pobreza, em conjunto com as políticas afirmativas de combate às desigualdades de gênero e de raça, demonstra o enfrentamento do Estado **às formas de discriminação, que tem na desigualdade de gênero e raça** como fundamentos. Porém existem outras dimensões, no caso a racial que são desafiadoras e incitam a aprofundam outras formas de desigualdade.

Desta forma, são necessárias políticas públicas que cooperem na transformação das desigualdades raciais que lesam principalmente a mulher negra. Não se trata de instituir mais uma política compensatória, realizada para compensar carências impostas ao sistema e sim de instituir o debate das desigualdades raciais no debate das políticas sociais. O debate das desigualdades raciais não omite a necessidade de políticas sociais universais, porem as políticas sociais serão de fato universais quando promover a igualdade entre negros e brancos, pois como afirma o sociólogo Boaventura de Sousa Santos é preciso "lutar pela igualdade sempre que as diferenças nos discriminem [e] lutar pelas diferenças sempre que a igualdade nos descaracterize", trata-se de uma excelente premissa para referendar a luta pela universalidade como ações afirmativas em situações necessárias.

A luta dos movimentos sociais, a sociedade civil organizada, os profissionais conscientes, os indicadores desfavoráveis aos negros não foram suficientes para produzirem o convencimento social, produzir às agências governamentais um novo paradigma para a edificação de intervenções que permitam modificar a realidade do racismo e suas consequências. Principalmente relacionada a pobreza alguns ainda buscam contrapor ao debate das desigualdades raciais ao debate de classe sem contrapor as vantagens de ser branco em uma sociedade pautada pelo racismo.

> Mesmo em situação de pobreza, o branco tem o privilégio simbólico da brancura, o que não é pouca coisa. Assim, tentar diluir o debate sobre raça analisando apenas a classe social é uma saída de emergência permanentemente utilizada, embora todos os mapas que comparem a situação de trabalhadores negros e brancos, nos últimos vinte anos, explicitem que entre os explorados, entre os pobres, os negros encontram um déficit muito maior em todas as dimensões da vida, na saúde, na educação, no trabalho. A pobreza tem cor, qualquer brasileiro minimamente informado foi exposto a essa afirmação, mas não é conveniente considerá-la. Assim o jargão repetitivo é que o problema limita-se à classe social. Com certeza este dado é importante, mas não é só isso. (BENTO, 2002, p. 4)

Neste sentido, a pobreza é o cúmulo de atrocidades e injustiça a todos que vivenciam essa situação e demonstra o quanto o compromisso com a acumulação é o compromisso maior do capital, o quanto a sociedade de classes é injusta e exploradora. Porém neste cenário considerar as desvantagens vivenciadas pelos negros, em virtude do racismo, torna possível ampliar e verificar a extensão da questão. Assim, também é possível compreender por que as mulheres negras são as mais vitimadas por essa situação. A questão que se inicia por classe se intersecciona com raça e gênero para sua compreensão.

De acordo com Antonio Sergio Guimarães as políticas afirmativas têm como objetivo eliminar desigualdades historicamente acumuladas, garantindo a igualdade de oportunidades e tratamento, bem como compensar perdas provocadas pela discriminação e marginalização, decorrentes de motivos raciais, étnicos, religiosos, de gênero e outros (SANTOS, 1999, p.25). A adoção de um recorte de políticas afirmativas às políticas sociais representa o reconhecimento da sociedade aos dados desiguais advindos da persistência do racismo na sociedade brasileira, uma reivindicação antiga.

A primeira proposta legislativa com esse objetivo seria apresentada quase 40 anos depois, pelo mesmo Abdias do Nascimento, agora deputado federal pelo Rio de Janeiro, com o Projeto de Lei no 1.332, de 1983, que dispõe sobre ação compensatória visando à implementação do princípio da isonomia social do negro, em relação aos demais segmentos étnicos da população brasileira, conforme direito assegurado pelo art. 153, § 1o da Constituição da República". O projeto abrange as áreas do emprego, público e privado, e da educação, estabelecendo cotas de 20% para homens negros e de 20% para mulheres negras em todos os "órgãos da administração pública, direta e indireta, de níveis federal, estadual e municipal", incluindo as Forças Armadas, "em todos os escalões de trabalho e de direção" (art. 2°), assim como nas "empresas, firmas e estabelecimentos, de comércio, indústria, serviços, mercado financeiro e do setor agropecuário" (art. 3°). Reserva também a estudantes negros 40% das bolsas de estudos concedidas pelo Ministério e Secretarias de Educação, estaduais e municipais, assim como 40% das vagas do Instituto Rio Branco, estas últimas igualmente divididas entre homens e mulheres (art. 7°). Não se restringe, contudo, a medidas numéricas, pois obriga o Ministério e as Secretarias de Educação a estudar e implementar "modificações nos currículos escolares e acadêmicos, em todos os níveis (primário, secundário, superior e de pós-graduação)", com vistas a incorporar ao conteúdo dos cursos de História do Brasil e de História Geral "o ensino das contribuições positivas dos africanos e seus descendentes" e também das civilizações africanas, "particularmente seus avanços tecnológicos e culturais antes da invasão europeia [...]" (art. 8°). O projeto não chegou sequer a ser apreciado, mas é interessante observar que algumas das medidas nele contidas acabaram sendo implementadas, embora muito mais tarde, como é o caso das bolsas de estudos para negros no Instituto Rio Branco, criadas no Governo Fernando Henrique, e das modificações curriculares recentemente instituídas pelo Governo Lula, por meio da Lei n° 10.639, de 9 de janeiro de 2003, que, alterando o art. 1° da Lei de Diretrizes e Bases (Lei n°.9.394 , de 20 de dezembro de 1996), torna obrigatório, nos estabelecimentos de ensino fundamental e médio, o ensino de história e cultura afro-brasileiras. (MEDEIROS, p. 128, Ação Afirmativa no Brasil: um debate em curso)

Mais que um balanço das ações implementadas é importante enfatizar que o reconhecimento do Estado sobre as desigualdades sociais sempre fez parte da luta do movimento social negro[42], uma luta histórica e atual com avanços e retrocessos de acordo com a correlação de forças entre Estado e sociedade civil organizados.

A existência do racismo estrutural na sociedade brasileira faz com que ações que assegurem sua manutenção sejam realizadas pelo Estado e Sociedade civil através de estruturas de políticas públicas, leis, normas instituídas e difundidas. Esta estrutura corrobora com que as ações e os resulta-

---

[42] O movimento negro começou a surgir no Brasil durante o período da escravidão. Para defender-se das violências e injustiças praticadas pelos senhores, os negros escravizados se uniram para buscar formas de resistência. Ao longo dos anos, o movimento negro se fortaleceu e foi responsável por diversas conquistas desta comunidade, que por séculos foi injustiçada e cujos reflexos das políticas escravocratas ainda são visíveis na sociedade atual. Ao final do século XIX e durante uma grande parte do século XX, circulam jornais e revistas voltados aos negros. Os periódicos são fundados por associações dos mais diversos tipos, desde carnavalescas, até literárias. As publicações começam com o intuito de discutir a vida da população negra em geral e promover assuntos interessantes à época. Porém, esses periódicos acabaram se tornando meios de denúncia de atos praticados contra os negros, das dificuldades desse grupo no período pós-escravagista, da desigualdade social entre negros e brancos e das restrições sofridas em decorrência do preconceito racial. O agrupamento de todas as publicações passou a ser conhecido como **Imprensa Negra Paulista.** Dentro deste mesmo período, em 1931, é fundada a Frente Negra Brasileira. Esse movimento viria a se transformar em partido político, extinto com os demais na criação do Estado Novo.Após o Estado Novo, esses grupos começam a se organizar, formando entidades importantes na história pelo direito dos negros, tendo como exemplo a União dos Homens de Cor e o Teatro Experimental do Negro. Já na década de 60, a caminhada dos grupos no Brasil ganha novas influências e referências, como o Movimento dos Direitos Civis nos EUA e a luta africana contra a segregação racial e libertação de colônias. Destacam-se personalidades como Rosa Parks, Martin Luther King, Nelson Mandela e Abdias Nascimento. https://www.politize.com.br/movimento-negro/

dos da desigualdade racial sejam naturalizados, resultando na estrutura de racismo institucionalizado como parte do cotidiano organizacional.

> O conceito de racismo institucional permite uma melhor percepção acerca dos mecanismos de produção e reprodução das desigualdades raciais, inclusive no que tange às políticas públicas. Sua utilização amplia as possibilidades de compreensão sobre o tratamento desigual, assim como permite identificar um novo terreno de enfrentamento das iniqüidades no acesso e no atendimento de diferentes grupos raciais dentro das políticas públicas, abrindo novas frentes de combate ao preconceito e à discriminação, assim como novos instrumentos de promoção da igualdade racial. Sua abordagem permite com que se identifique o racismo não apenas pela sua declaração, mas pelas desvantagens que causa a determinados grupos, independentemente de sua manifestação ser consciente ou ostensiva (PNUD, 2005). Nesse sentido, o racismo institucional se instaura no cotidiano organizacional, inclusive na implementação efetiva de políticas públicas, gerando de forma ampla, mesmo que difusa, desigualdades e iniqüidades. (JACCOUD, 2009)

A omissão das consequenciais das desigualdades raciais e seu enfrentamento no âmbito das discussões e políticas publicas destinadas ao combate das manifestações da questão social faz com que a cidadania do povo negro seja reconhecida, mesmo em situação em que toda população seja atingida, são mantidas as desvantagens do povo negro. Ainda devido a extensão da questão e a estrutura sexista existente as mulheres negras são as mais atingidas.

Ao discutir a desigualdade racial tendo como resultante principal as situações de pobreza é preciso considerar o debate incluso em todas as suas dimensões, a invisibilidade ou acúmulo insuficiente das condições de pobreza como rebatimentos da questão social. Mesmo com todas as atrocidades, humilhações, falta de oportunidades, as pessoas em situação de pobreza são colocadas na subalternidade do sistema, vivenciando a fome, doenças epidêmicas, desemprego, falta de saneamento básico, violência, pessoas sem moradia e baixa esperança de vida, sendo esses apenas alguns exemplos das atrocidades vividas. Dessa maneira, a pobreza solidifica as desvantagens vivenciadas motivadas pelo racismo e no universo negro as mais atingidas são as mulheres. As situações de pobreza trazem maior atrocidades as mulheres negras, por juntar as consequenciais da pobreza ao racismo. Sendo assim, acabar com as falsas assimetrias no debate que envolvem as políticas sociais de combate à pobreza.

A atrocidade vivida fica pior pelo seu obscurantismo e naturalização, onde até os vitimizados pela situação negam sua existência, é isso exatamente que acontece com a pobreza e o racismo, são duas negações frente ao mesmo processo, se a pobreza solidifica o racismo, o racismo facilita a pobreza formando a articulação perversa que aprisionam principalmente os mais expostos, no caso da sociedade sexista, as mulheres. Na pesquisa, conforme as análises já realizadas, apesar de relatarem situações de racismo na busca por trabalhos e durante sua permanência, a maioria não faz parte da mão de obra qualificada e quando tem formação isso não modifica as situações de racismo sofridas verificamos que nenhuma entrevistada faz essa relação. Também com relação aos filhos demonstram maior esperança de oportunidades aos que tem mais características fenótipos brancas. Mesmo assim, não há em suas falas uma relação entre pobreza e racismo.

Conforme já abordado anteriormente as mulheres negras são as que compõe o maior número de mulheres em situação de pobreza.

> Gênero e raça são questão que estão nas raízes das desigualdades brasileiras. Como as mulheres negras estão na base da pirâmide social e o sistema tributário brasileiro é muito regressivo, obviamente, elas acabam pagando mais tributos enquanto homens brancos, em geral, estão no topo da pirâmide e são mais os ricos (…).

> O processo de exclusão e desigualdades no Brasil afeta sobretudo as mulheres negras que vivem nas periferias e favelas do país. A situação dessa população é especialmente dramática, porque sofre racismo, ocupa os postos de trabalho mais precarizados e têm mais possibilidades de sofrerem violência. (OXFAM, 2020)

É parte da atrocidade perversa a omissão da questão, a insuficiência de discussões e de políticas públicas no seu combate. As políticas sociais nunca resolvem a dominação de classes e as premissas que estruturam o capitalismo, mas são partes fundamentais na resolução das desigualdades raciais que uma vez resolvida, pode trazer a cena outras armadilhas e subdivisões que omitem os interesses de classe. Enfim, as ações públicas sozinhas não terminam com a questão, mas são partes importantes da sua resolução, pela natureza do Estado Capitalista as políticas sociais, são direitos e devem vir de encontro aos indivíduos sempre que necessário.

Assim o recorte de raça nas políticas sociais de combate à pobreza para demonstrar:

- Aspectos desfavoráveis apresentado pelos indicadores sociais
- Colaborar no processo de consciência da população em geral e dos vitaminados pela pobreza
- Diminuir os vínculos intrínsecos advindos da relação pobreza e racismo

Essa ação pode ser facilitada pelo fato da maioria dos beneficiários dos programas de transferência de renda serem negros[43] apesar desta informação não suscitar nenhuma ação específica nas diretrizes dos programas.

---

43 Informação de 2015 do Ministério do Desenvolvimento Social informa que Do total de famílias inscritas no Cadastro Único, 67% são chefiadas por negros. Dessas famílias, 88% são chefiadas por mulheres.

https://www.mds.gov.br/webarquivos/publicacao/brasil_sem_miseria/caderno_popnegra1.pdf

Com relação as políticas sociais destinadas ao combate a pobreza o IPEA apresenta uma análise do Bolsa Família em que:

> (…) que a importância dos benefícios do Bolsa Família sobre a renda das famílias negras é significativamente maior do que para as famílias brancas. Entre os afrodescendentes, o programa representa 23,1% da renda da família. Para os brancos, 21,6%. Além disso, a proporção de famílias cujo chefe é preto ou pardo beneficiadas pelo programa – 24% do total de famílias deste grupo no país – é quase três vezes maior do que a das unidades familiares brancas (9,8%).

De acordo com a pesquisadora Cecília Machado, da FGV/EPGE. "O Bolsa Família já priorizava a mulher como a titular da conta que recebe o valor", elas chegavam a 90% das cadastradas no programa em levantamento de 2018, e 68% eram mulheres negras. No artigo Aspectos diferenciais da inserção de mulheres negras no Programa Bolsa Família que pesquisa articulação entre gênero e raça/etnia, por meio do cruzamento de variáveis desagregadas pelo quesito cor/raça, as autoras ressaltam que:

> No que diz respeito à questão racial, a predominância da população negra entre os mais pobres é em si um fator de análise sobre a configuração da desigualdade brasileira, e essa característica deve ser levada em consideração e enfrentada pelas políticas sociais. A situação de pobreza entre as mulheres negras, de acordo com os dados da pesquisa, é constituída a partir da menor renda, da escolaridade mais baixa e do maior índice de famílias monoparentais tendo a mulher como referência. Embora haja maior taxa de mulheres negras no trabalho remunerado, as ocupações são predominantemente em condições precárias, o que dificulta a autonomia econômica. Neste sentido aqui estão algumas bases para se pensar ações afirmativas.

Frente as formas que se dão o enfrentamento histórico da pobreza por políticas sociais na sociedade brasileira a classe subalterna ainda vivencia a ineficácia e a falta de recursos suficientes para equalizar a questão. Adicionar um viés de políticas afirmativas nas políticas de combate à pobreza ampliaria o alcance frente a extensão da questão da pobreza e do racismo. Dessa maneira, colocando novos sujeitos na luta por políticas sociais mais amplas, alterando as formas estruturais de enfrentamento dos efeitos da desigualdade racial no Brasil.

Durante a pesquisa, verificamos a extensão de dados referente a diminuição da pobreza entre a população negra, e em especial as mulheres negras, devido ao acesso aos programas de transferências de renda, em especial o Programa Bolsa Família. Porém, não se verifica nenhuma ação especifica relacionada às desigualdades, elas podem até existir se houver sensibilidade do profissional que realiza ações diretas. Isso a torna uma ação espontânea e aquém da necessidade necessária, produzindo resultados localizados. Enfim, não há uma ação coordenada presente em todos os municípios que administram o Bolsa Família. Talvez a proposta não conjugue o tempo presente, mas permanece como luta até que se supere o governo da negação do racismo e de todas as lutas do movimento organizado.

CONSIDERAÇÕES
FINAIS

"... Eu escrevia peças e apresentava aos diretores de circos. Êles respondia-me:
— É pena você ser preta.
Esquecendo-se êles que eu adoro a minha pele negra, e o meu cabelo rustico. Eu até acho o cabelo de negro mais iducado do que o cabelo de branco. Porque o cabelo de preto onde põe, fica. É obediente. E o cabelo de branco, é só dar um movimento na cabeça êle já sai do lugar. É indisciplinado. Se é que existe reincarnações, eu quero voltar sempre preta".

CAROLINA MARIA DE JESUS

A intersecção entre gênero, raça e condição de pobreza reitera os sujeitos na subalternidade e obediência a ordem estabelecida e afirma o racismo como eixo estruturante das relações sociais vigentes.

> As desigualdades de gênero e raça são eixos estruturantes da matriz da desigualdade social no Brasil que, por sua vez, está na raiz da permanência e reprodução das situações de pobreza (...) por isso, enfrentar essas desigualdades significa tratar de uma característica estrutural da sociedade brasileira, cuja transformação é imprescindível para a superação dos déficits de trabalho decente atualmente existentes. (ABRAMO, Lais, 2006)

Trata-se de uma articulação perversa que vem construindo os nexos causais, onde gênero e raça legitimam a as desvantagens existentes. Essa construção retira do campo do conflito e das contradições a desigualdade racial é reiterada a forma como a sociedade está organizada, sexista e racista, incorporando que esses segmentos estejam fora das prioridades, econômicas, políticas e sociais vigentes. Essa articulação é feita de forma que os próprios sujeitos que vivenciam essa situação tenham dificuldade de compreender a articulação perversa existentes.

Desta forma encontram dificuldades para ter suas demandas reconhecidas pelo poder público, se a sociedade não as reconhece e elas próprias não se reconhecem e buscam seu lugares de cidadã de direitos frente as manifestações da questão social, as respostas sociais são sempre aquém da situação vivenciada, de acordo com Jaccooud.

> Muitas vezes o processo histórico de discriminação e subalternização social efetua "invisibilidade" de determinados públicos ou demandas, dificultando a atuação do Estado e questionando a legitimidade da ação pública nesse plano. Nesse sentido, os desafios ainda são muito expressivos, em que pese os avanços observados nas ações voltadas à extrema pobreza ou à população negra. (JACCOUD, 2013, p. 297).

A passividade dos sujeitos em situação de pobreza e o fato de serem mulheres e negras são aspectos naturalizados pelo racismo, e as teorias que o nortearam, difundidas pela mídia, tribunais, escolas propicia a naturalização desta situação, naturaliza a injustiça para a sociedade como um todo, os negros porque vivenciam toda a esfera de desvantagens e a classe trabalhadora que em algumas situações, é como se a perversidade não existisse e nenhuma mudança fosse necessária, não se percebe como dominada por ter pequenas vantagens em decorrência da raça e gênero. Concordando com a análise do Nexo Jornal que no Brasil preto é pobre, mas é pobre porque é preto (…) encontrar as causas é necessário para iniciar mudanças. A pobreza no Brasil tem uma cor e é preta.

> No Brasil, ser negro significa ser mais pobre do que o branco, ter menos escolaridade, receber salário menor, ser mais rejeitado pelo mercado de trabalho, ter menos oportunidades de ascensão profissional e social, dificilmente chegar à cúpula do poder público e aos postos de comando da iniciativa privada, estar entre os principais ocupantes dos subempregos, ter menos acesso aos serviços de saúde, ser vítima preferencial da violência urbana, ter mais chances de ir para a prisão, morrer mais cedo. (AGÊNCIA SENADO)

No momento atual brasileiro é de total refluxo a qualquer iniciativa do Estado no que se refere a proteção social da população em geral e a invisibilidade propiciada pela insuficiência de discussões em torno da pobreza que assola entre os segmentos feminino e negro corrobora para a manutenção da perversidade atual. A situação socioeconômica e política do Brasil foi desigual para além dos limites considerados possíveis no capitalismo, a pobreza toma patamares gigantes e se efetiva em patamares assustadores nos segmentos de gênero e raça encontra situação ainda mais dilacerantes exigindo efetivas políticas públicas que permitissem a verdadeira inserção dessas pessoas no convívio social:

> Submersos numa ordem social que os desqualifica, marcados por clichês: "inadaptados", "marginais", "problematizados", portadores de altos riscos e vulnerabilidades, os pobres representam a herança histórica da estruturação econômica, política e social da sociedade brasileira. (YAZBEK, 2012)

Se a maioria desses pobres são negros e existem "teorias" que os coloca como inadequados, preguiçosos, estão justificadas a condição de pobreza, relembro que durante as entrevistas as "Carolinas" se esforçavam para demonstrar aptidão e busca para o trabalho, admitir pobreza para elas parece admitir inoperância e pouca aptidão para o trabalho. Ao reforçar o discurso dominante, habitual sobre o ser pobre, buscavam demonstrar seu mérito enquanto cidadã. Ao negarem a influência do racismo sobre a pobreza as "Carolinas" também reforçam a forma como a sociedade brasileira trata o racismo, negando sua existência e sublimando seus efeitos nocivos frente a sociedade e em especial para a população negra. Cabe aos sujeitos sublimar a sua dor e consequências e continuar na mesma condição.

Dessa forma, permanecem vitimizados, mas cooperando para ordem estabelecida e sem se aperceberem enquanto parte da engrenagem das injustiças sociais que a cada dia vitimiza novos cidadãos de direito. No entanto, sem saber e ou sem lutar pelos seus direitos, fortalecendo a cada dia a sociedade de privilégios. Como perceber injustiças sociais que se somam? Como é possível observar que ser mulher e negra reiteram seu lugar de subalterno? E por mais que a situação de pobreza representa uma violência as pessoas, para as mulheres negras ela é ainda mais violenta, por fazê-las vivenciar mesmo sem se dar conta com um inimigo oculto para elas, representado pelo racismo, que por sua perversidade reitera a condição de subalternidade ao provocar ainda mais barreiras a serem enfrentadas. Ainda mais essas mulheres se eximem e demonstrar esforços individuais e a negar o racismo vivenciado para demonstrar seus esforços em sair da condição de pobreza. A falta de entendimento do que o racismo produz em termos de subalternidade as tornam propagadoras do discurso de responsabilidade individual e divulgadora da ideologia em que o pobre – o mal provido, pouco fértil, pouco produtivo, mal dotado, desfavorecido, desprotegido, digno de compaixão, infeliz", Cerqueira (2009, p.197). São a mesma forma de falta de atributos que as teorias racistas descrevem os negros e os que recorrem ao Estado para garantir a subsistência.

Ao discutir a questão da pobreza Sueli Carneiro ressalta a necessidade de discutir o racismo de forma que ele não oculte a situação as peculiaridades da vida das mulheres negras que vivenciam situações de maiores desvantagens e perversidades por conta da questão racial.

> "É possível afirmar que um feminismo negro, construído no contexto de sociedades multirraciais, pluriculturais e racistas – tem como principal eixo articulador o racismo e seu

impacto sobre as relações de gênero, uma vez que ele determina a própria hierarquia de gênero em nossas sociedades." (CARNEIRO, 2011, p.2)

A luta contra o racismo, contra o machismo e contra todas as dimensões da desigualdade imposta pelo capitalismo, portanto, deve ganhar espaço nos debates sobre justiça social. Em especial sobre o contingente de mulheres negras, que tem dificuldades de ter suas demandas reconhecidas no que se refere as situações de pobreza, raça e gênero.

Nanci Frasser ao discutir a forma de organização da sociedade atual de inspiração neoliberal, coloca que para explorar e expropriar[44] ainda mais os trabalhadores, assim intensificam ainda mais a insegurança e paranoia – portanto, uma disputa desesperada por segurança entre todos, resultando em racismo e sexismo exacerbados. As mulheres em especial as chefes de família que no Brasil em sua maioria são mulheres negras sem recursos financeiros, sem reconhecimento social, sem perguntar se elas desejam, es-

---

44 A expropriação, base social que permite a exploração da força de trabalho, ao enrijecer-se como condição natural da existência humana sob o capital, parece, entretanto, desaparecer sob a noção de liberdade, a qual, resultante dessa expropriação, traduz-se na permanente disponibilidade da força de trabalho para o capital. É uma liberdade real, dúplice e contraditória. Em sua face negativa, expressa a impossibilidade de crescentes massas populares de prover a própria subsistência (singular ou familiar) fora de relações de subordinação "voluntária" ao capital (ao mercado); tende a destruir as formas de solidariedade tradicionais entre trabalhadores; a desmantelar as crenças e modos de existência até então predominantes; exacerba a concorrência; impessoaliza os contatos sociais, ao promover uma individualização

contraditória, opondo seres isolados e competitivos que precisam, porém, cooperar estreitamente no processo social de produção, sob a batuta do capital. Ainda que sob forma negativa, essa liberdade expressa também a redução de laços de dependência pessoal de trabalhadores frente a clientelas e patronatos.

pera-se que elas incorporem a mística feminina[45] exerçam o cuidado com os filhos, mantenha o modelo familiar patriarcal, o cuidado do núcleo familiar e solidez dos escassos recursos financeiros.

> Os fardos da expropriação ainda recaem de maneira desproporcional sobre as pessoas não brancas, que permanecem muito mais propensas a pobreza, desabrigo, doença, violência, encarceramento e predação pelo capital e pelo Estado. Do mesmo modo, o ônus do trabalho reprodutivo ainda recai muito mais sobre os ombros das mulheres, que permanecem bem mais propensas do que os homens a chefiar domicílios sozinhas, com responsabilidades de cuidado primário e, provavelmente, tendo de cumprir "dupla jornada", voltando para casa após um longo dia de trabalho pago para cozinhar, limpar, lavar roupa e cuidar de filhos e pais, mesmo quando têm companheiros masculinos. Em geral, portanto, a dominação racial e baseada no gênero persiste no atual regime, mesmo com contornos mais borrados. De fato, a nova configuração pode até agravar a animosidade racial e o ressentimento de gênero. Quando séculos de estigma e violação se encontram com a necessidade voraz do capital de sujeitos para explorar e expropriar, o resultado é intensa insegurança e paranoia – portanto, uma disputa desesperada por segurança –, bem como racismo e sexismo exacerbados. (FRASER, 2020, p. 11)

A despeito de estar cada dia mais vulnerável, exposto a riscos de instabilidade política e violência, é preciso garantir o aumento de ações do Estado na implementação de medidas para melhorar os direitos civis, culturais, econômicos, políticos e sociais das pessoas. Negras, não só as pessoas negras em situação de pobreza, mas incluir prioritariamente as mulheres negras em situação de pobreza.

---

45 De acordo com Betty Fridam trata-se de um fenômeno centraliza o papel da mulher sob o ponto de vista do consumo e afasta-as da sua construção como sujeito, anulando a sua própria personalidade e gerando frustrações e problemas de ordem social e psicológica.

De acordo com Yazbek, consideramos que a pobreza no Brasil é mantida em uma trama que dificulta o seu entendimento como manifestação da questão social

> A pobreza como uma das manifestações da questão social,1 e dessa forma como expressão direta das relações vigentes na sociedade, localizando a questão no âmbito de relações constitutivas de um padrão de desenvolvimento capitalista, extremamente desigual, em que convivem acumulação e miséria. Os "pobres" são produtos dessas relações, que produzem e reproduzem a desigualdade no plano social, político, econômico e cultural, definindo para eles um lugar na sociedade. Um lugar onde são desqualificados por suas crenças seu modo de se expressar e seu comportamento social, sinais de "qualidades negativas" e indesejáveis que lhes são conferidas por sua procedência de classe, por sua condição social. Este lugar tem contornos ligados à própria trama social que gera a desigualdade e que se expressa não apenas em circunstâncias econômicas, sociais e políticas, mas também nos valores culturais das classes subalternas e de seus interlocutores na vida social. (YAZBEK, 2012)

As situações de pobreza situam-se sempre na esfera providencial, como consequência de desígnios providenciais e a esfera dos direitos sociais, numa articulação que atrapalha seu entendimento e alcance social:

Apesar da existência de arcabouço jurídico que propõe proteção social destinado a atender as necessidades básicas e propiciar os mínimos sociais, a classe subalterna ainda vivencia a ineficácia e a falta de recursos suficientes para equalizar à questão. Adotando formas operacionais sempre aquém das necessárias e efetivas.

> A pobreza tem sido parte constitutiva da história do Brasil, assim como, os sempre insuficientes recursos e serviços voltados para seu enfrentamento. Nessa história, é sempre necessário não esquecer o peso da "tradição oligárquica e autoritária, na qual os direitos nunca foram reconhecidos como parâmetros no ordenamento econômico e político da sociedade". Estamos nos referindo a uma sociedade desde sempre desigual e "dividida

entre enclaves de 'modernidade' e uma maioria sem lugar", uma sociedade de extremas desigualdades e assimetrias. (TELLES, 1993, p. 4).

A persistência deste cenário aponta, a cada dia, para a força estruturante dos valores e convenções de gênero e raça na conformação do quadro maior de desigualdades que ainda marca o país. O conhecimento sobre as formas como as desigualdades de gênero se produz e reproduz é condição para que elas possam ser enfrentadas, por meio da articulação da ação dos movimentos feministas e de mulheres, do Estado brasileiro, de organismos internacionais, acadêmicos (as), e de diversos atores sociais que, juntos (as), vêm construindo a igualdade enquanto uma realidade. O reconhecimento de que a vivência das desigualdades pelas mulheres é perpassada por uma série de outras formas de iniquidades.

> "As políticas de redistribuição de renda, para as mulheres negras, não foram suficientes para tirá-las do patamar em que elas se encontravam quando os programas de redução da pobreza começaram mais fortemente, em 2003. Elas podiam estar mais miseráveis? Infelizmente sim, mas o fato é que não há uma progressão justa e necessária. As mulheres negras se mantêm proporcionalmente sendo aquele grupo mais prejudicado social e economicamente." (FERREIRA; BRUNO; MARTINS, 2019)

O caminho para se romper com consequência histórica, perpassa o fim da manutenção do poder e do dinheiro, historicamente mantidos nas mãos de poucos por parte daqueles que o detêm causando repressão às vantagens sociais para sistema democrático no que se refere à pobreza e desigualdade, mas perpassa principalmente o fim das distorções referentes ao fenômeno. Para Peliano (1999):

> Contar o contingente de pobres no Brasil importa menos do que começar a trabalhar para erradicar a pobreza no país. Qualquer contagem, apoiada num ou noutro indicador social ou econômico, não vai mostrar nunca o tamanho do sofrimento, da dor, da impotência e da segregação que sente um pobre

e todos os pobres. Que as contagens sirvam tão somente como referência do tamanho do esforço que toda sociedade brasileira deverá fazer, ao lado das instituições constituídas e do Estado, para dar dignidade, respeito e condições de trabalho e vida aos que não têm acesso aos padrões sociais mínimos de cidadania.

Na atual conjuntura em que vivenciamos a despolitização dos direitos sociais dos trabalhadores, a negação oficial da condição desigual entre negros e brancos, a legitimação da acumulação sem limites e sem parâmetros éticos. Parece estar legitimado o tempo das atrocidades, do descaso da indiferença, o fato de a cada dia ter mais brasileiros em situação de pobreza e em sua maioria estarem totalmente fora da proteção social não causa indignação, gera poucos protestos, insuficientes discussões na sociedade. Aliás a responsabilização individual e o julgamento pelo comportamento moral dominante e conservador tornaram-se regra para analisar os rebatimentos da questão social e em especial as situações de pobreza. Quando ela envolve pessoas negras suscitam inclusive velhas "teorias" racistas de falta de aptidão para o trabalho, de grande número de filhos, de acomodação, de preguiça entre outras tão cruéis e racistas quanto. Assim a articulação perversa atinge aos negros e pelas desvantagens trazidas pelo gênero em especial as mulheres negras.

> (...) numa sociedade que caminha na atual conjuntura para o rechaço à democracia, a elite passa a despir-se da negação do racismo, e passa a se sustentar não apenas pela afirmação de uma sociedade multirracial, miscigenada e de convivência harmônica entre a casa grande e a senzala. Na atual conjuntura, de recrudescimento do racismo, o que se afirma é a ideologia da inferioridade do negro e o direito do branco, como metáfora de poder (Fanon, 2008), em manifestar o pensamento racista e difundi-lo amplamente em sociedade, na tentativa de despolitizar o lugar social do negro na sociedade capitalista, conferindo-lhe uma conotação biologizante e estereotipada, organizada institucionalmente e no cotidiano, anunciando a atualidade do

eugenismo como estratégia de setores dominantes no Brasil, que aglutina forças "díspares", capazes de reunir ultra liberais e setores conservadores para o "bem da nação" (uma ficção criada por uma elite reacionária, que, através de pactos pelo alto, autoriza mudanças sociais sem a participação real da população e sua diversidade na definição das políticas implementadas pelo Estado). (BOTELHO, 2019).

Assim, é preciso aumentar o debate demonstrando a junção de gênero, raça e classe demonstrar sua injustiça para com muitos, o cumulo da injustiça são os próprios sujeitos nesta condição serem utilizados como divulgadores da desresponsabilização do Estado frente as situações que enfrentam desprotegidos e ou mal protegidos como se riqueza e pobreza no capitalismo fossem questões de méritos, como se admitir que existe racismo fosse admitir falta de ímpeto para vencer os obstáculos.

REFERÊNCIAS

ABREU, Marina Maciel. *Serviço Social e a organização da cultura*: perfis pedagógicos da prática profissional. 2º Ed. São Paulo: Cortez, 2008.

ABRAMO, Lais *Desigualdades De Gênero e Raça no Mercado de Trabalho Brasileiro*. Ed. SCIELO, 2006.

ALENCASTRO, Luiz Felipe de. *O trato dos viventes:* formação do Brasil no atlântico sul. São Paulo: Companhia das Letras, 2000.

ALMEIDA, Carla Cristina Lima de. Corpo e gênero: articulando um debate. *EM PAUTA,* Rio de Janeiro, v.9, n.28, p.17-24, dez 2011.

ALMEIDA, Silvio Luiz; RIBEIRO, Djamila (coord). *Racismo estrutural*: femininos plurais. São Paulo: Sueli Carneiro, Pólen, 2019.

ALMEIDA, Silvio Luiz. *Estado racista e crise do capitalismo*. Disponível em:<https://outraspalavras.net/outrasmidias/silvio-almeida-estado-racista-e-crise-do-capitalismo/>.Acesso em dez. 2020.

ALMEIDA, Silvio Luiz de. *O que é racismo estrutural?* Belo Horizonte (MG): Letramento, 2018.

ALVES FILHO, Manuel. A meritocracia é um mito que alimenta as desigualdades, diz Sidney Chalhoub. *Jornal da UNICAMP*, Campinas, 7 jun. 2017. Disponível em: <https://www.unicamp.br/unicamp/ju/noticias/2017/06/07/meritocracia-e-um-mito-que-alimenta-desigualdades-diz-sidney-chalhoub>.Acesso em: nov. 2020.

BARBOSA, Eliete Edwiges. *Negras Lideranças*: mulheres ativistas da periferia de São Paulo. São Paulo: Dandara, 2019.

BORBA CERQUEIRA, Monique. *Pobres E Pobreza: metamorfoses e fabulações*. Revista de Políticas Públicas, vol. 13, núm. 2, julho-dezembro, 2009, p. 195-201. Universidade Federal do Maranhão São Luís - Maranhão, Brasil.

BOTELHO, Jacqueline. *Racismo E Luta Antirracista No Brasil: Uma Análise Necessária Para O Avanço Da Estratégia Anticapitalista*. v.17, nº 34, set-dez, 2019.

CAMASMIE, Amanda. *A pobreza no Brasil tem cara*: é mulher, negra e nordestina. Disponível em: <http://epocanegocios. globo.com/Revista/Common/0,,ERT294946-16418,00. html>. Acesso em: 25 abr 2016.

CARNEIRO, Sueli. *Enegrecer o feminismo*: A situação da mulher negra na América Latina a partir de uma perspectiva de gênero. Disponível em: < https://www.geledes.org.br/enegrecer-o-feminismo-situacao-da-mulher-negra-na-america-latina-partir-de-uma-perspectiva-de-genero/>. Acesso em: 27 jan. 2015.

CARNEIRO, Sueli.*Racismo, sexismo e desigualdade no Brasil*. São Paulo: Selo Negro, 2011.

CARNEIRO, Sueli. *Escritos de uma vida*. São Paulo: Pólen Livros, 2019.

CARONE, I.; BENTO, M. A. S. (Orgs.). (2002). *Psicologia social do racismo*. Petrópolis: Vozes, 189 p.

CASTRO, Mary Garcia. Feminização da pobreza em cenário neoliberal. In: GALEAZZI, Irene Maria Sassi. (orgs). *Mulher e trabalho*. publicação especial do convenio da pesquisa de emprego-desemprego na região metropolitana de Porto Alegre (PED-RMPA). Porto Alegre: FEE, 2001.

CHAUÍ, M. *Brasil:* mito fundador e sociedade autoritária. Disponível em: <https://docs.google.com/ viewer?a=v&pid=sites&srcid=ZGVmYXVsdGRvbWFpbnxu b3ZvcnVtb3NvY2lhbHxneDpjMDExYzA3YzY1YjljZWQ>. Acesso em: 10 nov. 2017.

CISNE, Mirla. *Feminismo e consciência de classe no Brasil*. 2.ed. São Paulo: Cortez, 2018.

COBO, Barbara; LAVINAS, Lena (coord) *et al. Percepções sobre desigualdade e pobreza*: o que pensam os brasileiros da política social?.Rio de Janeiro: Letras e Imagem; Centro Internacional Celso Furtado de Políticas para o Desenvolvimento, 2014.

COLLINS, Patricia Hill. *Pensamento Feminista Negro*:conhecimento, consciência e a política do empoderamento.Tradução de Jamille Pinheiro Dias. São Paulo:Boitempo, 2019.

CRENSHAW Kimberlé. *A intencionalidade da discriminação de raça e gênero*. Disponível em: < http://www.acaoeducativa. org.br/fdh/wp-content/uploads/2012/09/Kimberle-Crenshaw.pdf>. Acesso em: 02 jun. 2020.

CRENSHAW, Kimberlé. Documento para o encontro de especialistas em aspectos da discriminação racial relativos ao gênero. *Estudos Feministas*, Florianópolis, v.10, n.1, p.171-188, 2002.

COSTA, Najara Lima. *Quem é negro no Brasil?*: cotas raciais e comissões de heterroidentificação na prefeitura de São Paulo. São Paulo: Dandara, 2020.

COSTA, Joaze Bernardino; GROSFOGUEL, Ramón. Decolonialidade e perspectiva negra. *Sociedade e Estado*, Brasília, v.31, n.1, p.15-24, jan/abr2016.

DAVIS, Angela. *As mulheres negras na construção de uma nova utopia*. Conferência realizada na Iª Jornada Cultural Lélia Gonzales. São Luiz, 13 dez. 1997. Disponível em: <http://www.geledes. org.br/as-mulheres-negras-na-construcaode-uma-nova-utopia-angela-davis/#gs. Acesso em 07 agosto. 2020.

DAVIS, Angela. *Mulheres, raça e classe*. Tradução de Heci Regina Candiani. São Paulo: Boitempo, 2016

DEVULSKY, Alessandra. Estado, racismo e materialismo. *Margem esquerda*, SãoPaulo, v. 27, n.187, p. 25-30, dez. 2016.

DE OLIVEIRA, DLL; DA SILVA, LJSM; DUQUE, RG. *Resenha Do Livro "Na Lei E Na Raça: Legislação E Relações Raciais, Brasil – Estados Unidos" De Carlos Alberto Medeiros*. Revista Culturas Jurídicas, Vol. 4, Núm. 9, set./dez., 2017.

EURICO, Márcia Campos. A luta contra as explorações/ opressões, o debate étnico-racial e o trabalho do assistente social. *Serv. Soc. Soc.*, São Paulo, n. 133, p. 515-529, dez. 2018. Disponível em <http://www.scielo.br/scielo. php?script=sci_arttext&pid=S0101-66282018000300515&ln g=pt&nrm=iso>. acessos em 03 fev. 2021.

EVARISTO, Conceição. *Insubmissas lágrimas de mulheres*. 2.ed. Rio de Janeiro: Malê, 2016.

FARIAS, Márcio.*Clovis Moura e o Brasil*: um ensaio crítico. São Paulo: Dandara, 2019.

FARIAS, Tom. *Carolina*: uma biografia. Rio de Janeiro: Malê, 2018.

FERREIRA, Lola; BRUNO, Maria Martha; MARTINS, Flávia Bozza. *No Brasil, 63% das casas chefiadas por mulheres negras estão abaixo da linha da pobreza*. Disponível em: <https://www.generonumero.media/casas-mulheres-negras-pobreza/>.

FONTES, Virgínia. Marx, expropriação e capital monetário: notas para o estudo do imperialismo tardio. *Crítica Marxista*, Campinas/SP, n.26, p.9-31, 2008.

FRASER, Nancy; JAEGGI, Rahel. *Capitalismo em debate*: uma conversa na teoria crítica. Tradução de Nathalie Bressiani. Colaboração de Pedro Paulo Zahluth Bastos. São Paulo: Boitempo, 2020.

FRIEDAN, Betty. *Mística feminina*. Tradução de Áurea B. Weissenberg. Petrópolis/RJ: Vozes, 1971.

GODINHO, Isabel Cavalcante. *Pobreza e desigualdade social no Brasil: um desafio para as Políticas Sociais*. Ipea, Anais do I Circuito de Debates Acadêmicos, 2011.

GOMES. Nilma Lino. *A mulher negra que vi de perto*. Belo Horizonte: Mazza Edições, 1995.

GONZALEZ, Lélia. *Primavera para as rosas negras*: Lélia Gonzalez em primeira pessoa. São Paulo: Selo Negro Edições, 2010

GONZALEZ, Lélia. *A Juventude Negra Brasileira E A Questão Do Desemprego*, [s. l.], 28 abr. 1979.

GUIMARÃES, Antonio Sérgio Alfredo. *Racismo e antirracismo no Brasil*. 3.ed. São Paulo: Editora 34, 2009.

GUIMARÃES, Antonio Sérgio Alfredo. *Classe, raça e democracia*. 2.ed. São Paulo: Editora 34, 2012.

IAMAMOTO, Marilda Vilela. *Serviço Social em tempo de capital fetiche*: capital financeiro, trabalho e questão social. 2. ed. São Paulo: Cortez, 2008.

IANNI, Octávio. Dialética das relações raciais. *Estudos Avançados*, São Paulo, v. 18, n. 50, p. 21-30, jan./abr. 2004.

INSTITUTO DE PESQUISAS ECONÔMICAS APLICADAS, et al. *Retrato das Desigualdades de Gênero e Raça*. 4. ed. Brasília: IPEA, 2011.

JACCOUD, Luciana. *Pobres, pobreza e cidadania*: os desafios recentes da proteção social. Disponível em: <https://www.ipea.gov.br/portal/images/stories/PDFs/TDs/td_1372.pdf>. Acesso em set 2020.

JACCOUD, Luciana (org). *A construção de uma política de promoção da igualdade racial*: uma análise dos últimos 20 anos. Brasília: IPEA, 2009.

JACCOUD, Luciana. OSORIO, Rafael; SOARES Sergei Suarez Dillon; THEODORO Mário (org). *As políticas públicas e a desigualdade racial no Brasil*: 120 anos após a abolição. Brasília: IPEA, 2008.

JACCOUD, Luciana. *Racismo e República: O Debate Sobre o Branqueamento e a Discriminação Racial no Brasil*. Brasília: IPEA, 2008.

JESUS, Carolina Maria de. *Diário de Bitita*. 2.ed. Sacramento/MG: Bertolucci, 2007.

JESUS, Carolina Maria de. *Quarto de despejo – diário de uma favelada*. São Paulo: Francisco Alves, 1960

KRENAK, Ailton. *Ideias para adiar o fim do mundo*. São Paulo: Companhia das Letras, 2019.

MACHADO, Bárbara Araújo. *Interseccionalidade e marxismo: encontros e desencontros para o estudo do movimento de mulheres negras no Brasil*. https://www.iassc2018.sinteseeventos.com.br

MADEIRA, Zelma; GOMES, Daiane Daine de Oliveira. *Persistentes desigualdades raciais eresistências negras no Brasil contemporâneo*. Serviço Social & Sociedade, São Paulo, n. 133, p. 463-479, set./dez. 2018.

MARCONDES, Mariana Mazzini, et al. *Dossiê Mulheres Negras*: retrato das condições de vida das mulheres negras no Brasil. Brasília: IPEA, 2013.

MARCONSIN, Cleier. Os gêneros e o trabalho dividido: pressupostos teóricos. *In*: ___. *Os gêneros e o trabalho dividido*: inovação e conservadorismo - Um estudo comparativo do feminino no Serviço Social e na Medicina. 1997. [s.i]. Dissertação (Mestrado em Serviço Social) – Departamento de Ciências Sociais, Programa de Pós-Graduação em Serviço Social, UFPB, João Pessoa, 1997. *[s.i.]*

MARIA, Silvia. *Por que o Brasil precisa ler Carolina Maria de Jesus?* Carta Capital, 19/03/2021. Disponível em: <https://www.cartacapital.com.br/diversidade/por-que-o-brasil-precisa-ler-carolina-maria-de-jesus/amp/>.

MBEMBE, Achille. *Necropolítica*: biopoder, soberania, estado de exceção, política da morte. Tradução de Renata Santini. São Paulo: N-1 edições, 2018.

MBEMBE,Achille.*A crítica da Razão Negra*. Tradução de Marta Lança. Lisboa: Antígona, 3. ed, 2014.

MENEZES, Solival. *Mamma Angola*: sociedade e economia de um país nascente. São Paulo: Edusp; Fapesp, 2000.

MERELES, Carla. *Desigualdade Social: um problema sistêmico e urgente*. Politize! [S. l.], p. 1-10, 31 jul. 2017. Disponível em: <https://www.politize.com.br/desigualdade-social/>. Acesso em: 2 maio 2019.

MIGUEL, Luis Felipe; BIROLI, Flávia. *Feminismo e política*: uma introdução. São Paulo: Boitempo, 2014.

MOREIRA, Tales WillyanFornazier. *Serviço social e luta antirracista*: contribuição das entidades da categoria no combate ao racismo. Belo Horizonte: Letramento, 2020.

MONTEIRO, Amor Antônio. *Natureza do serviço social em Angola*. São Paulo: Cortez, 2016.

MOURA, Gabriela. *Negação prova existência do racismo*. Disponível em: <https://diplomatique.org.br/negacao-prova-existencia-do-racismo/>. Acesso em: out. 2020.

MOTTA, Daniele Cordeiro. O dilema das desigualdades frente ao marxismo Daniele Cordeiro Motta. *In*: MARTUSCELLI, Danilo Enrico (org.) *Os desafios do feminismo marxista na atualidade*. Chapecó/SC: Coleção marxismo21, 2020.

MUNANGA, Kabengele. *Sociedade e Cultura*, v. 4, n. 2, jul./dez. 2001, p. 31-43.

NASCIMENTO. Abdias do. *O genocídio do negro brasileiro*: processo de um racismo mascarado. 3.ed. São Paulo: Perspectivas, 2016.

NASCIMENTO, Maria Beatriz. *Beatriz Nascimento, quilombola e intelectual*: possibilidade nos dias da destruição. São Paulo: Filhos da África, 2018.

NKRUMAH, Kwame. *Classe, raça e ideologia*. Tradução de Daniel Fabre. Disponível em: <https://lavrapalavra.com/2015/10/06/classe-raca-e-ideologia-2/>.Acesso em jan. 2020.

NOGUEIRA, F.*Governo Temer como restauração colonialista*. Le Monde Diplomatique, ano 10, nº 114, p. 4-5, jan., 2017.

OLIVEIRA, Tory. *No Brasil, a população negra é mais atingida pela violência, desemprego e falta de representatividade.* Disponível em: < https://www.cartacapital.com.br/sociedade/seis-estatisticas-que-mostram-o-abismo-racial-no-brasil>. Acesso em: 06 jun 2018.

OXFAM. *Mulheres negras e pobres são as que mais pagam impostos proporcionalmente.* Disponível em: <https://www.oxfam.org.br/blog/mulheres-negras-e-pobres-sao-as-que-mais-pagam-impostos-proporcionalmente/>. Acesso em: mês. ANO.

PELIANO, Anna M. (coord); BEGHIN, Nathalie. *A ação social das empresas do sudeste: quem são e onde estão.* Outubro de 1999.

PEREIRA, Camila Potyara; SIQUEIRA, Marcos César Alves.

Criminalização da mendicância e a realidade da população de rua no Brasil. In: CONGRESSO BRASILEIRO DE ASSISTENTES SOCIAISLUTAS SOCIAIS E EXERCÍCIO PROFISSIONAL NO CONTEXTO DA CRISE DO CAPITAL: MEDIAÇÕES E A CONSOLIDAÇÃO DO PROJETO ÉTICO POLÍTICO PROFISSIONAL, 13., 2010, Brasília. Anais... Brasília: CFESS, 2010. p.1-9

PRADO JUNIOR, Caio. *Formação do Brasil contemporâneo*: colônia. São Paulo: Brasiliense, 1945.

Rede Brasil Atual. Mulheres negras acumulam piores indicadores sociais no Brasil. 17/11/2017.Disponível em: <https://www.redebrasilatual.com.br/cidadania/2017/11/mulheres-negras-acumulam-piores-indicadores-sociais-no-brasil/>.

REZENDE, Milka de Oliveira. *Ações afirmativas.* Disponível em: <https://mundoeducacao.uol.com.br/sociologia/acoes-afirmativas.htm>. Acesso em: mês. ANO.

SAFFIOTI, Heleieth Iara Bongiovani. *Gênero, patriarcado, violência.* São Paulo: Editora Fundação Perseu Abramo, 2004.

SANTOS, Mafoane Odara Poli. *20 de novembro para as mulheres negras*: passou da hora de contar como nosso passado. Disponível em: <http://www.compromissoeatitude.org.br>. Acesso em: 20 jun 2018

SILVA, Maria Nilza da. A mulher negra. *Espaço Acadêmico,* Maringá, v. 2, n.22, p. 1-20, 2003.

SOUZA, Jessé. *Subcidadania brasileira*: para entender o país além do jeitinho brasileiro. Rio de Janeiro: LeYa, 2018.

SOUZA, Jessé. *A elite do atraso*: da escravidão à Lava Jato.Rio de Janeiro: LeYa, 2017.

Souza, Jessé. *A doença do brasil é o ódio de classe*. Disponível em: <https://istoe.com.br/a-doenca-do-brasil-e-o-odio-de-classe/>. Acesso em: out. 2020.

TELLES; Vera da Silva. Pobreza e cidadania: figurações da questão social no Brasil moderno. In: ___. *Pobreza e Cidadania*. São Paulo: USP, Curso de Pós-Graduação em Sociologia: Editora-34, 2001. p. 13-56;

THEODORO, Mario (org.); et al. *As políticas públicas e a desigualdade racial no Brasil*: 120 anos após a abolição. Brasília: IPEA, 2008.

PIOSIADLO, Laura Christina Macedo; FONSECA, Rosa Maria Godoy Serpa da; GESSNER, Rafaela. *Subalternidade de gênero*: refletindo sobre a vulnerabilidade para violência doméstica contra a mulher. Disponível em: <http://www.scielo.br/pdf/ean/v18n4/1414-8145-ean-18-04-0728.pdf>. Acesso em: 15 jan. 2018.

SABINO, Wellington Moraes. *Do tronco ao enquadro*. Belo Horizonte: VenasAbiertas, 2020.

SANTANA, Jusciney Carvalho. *Tem Preto De Jaleco Branco?* os primeiros 10 anos de políticas afirmativas no Curso de Medicina da Ufal (2005-2015). Maceió: EDUFAL, Imprensa Oficial Graciliano Ramos, 2017.

SANTOS, Hélio. *A busca de um caminho para o Brasil*: a trilha do círculo vicioso. 2. ed. São Paulo: SENAC São Paulo, 2003.

SANTOS, José Mateus Carvalho dos. *Educação Antirracista, Interseccionalidades E Protagonismo Da Juventude Preta: Novas Formas De Pensar E Construir O Mês Da Consciência Negra Na Escola*, Revista Em Favor De Igualdade Racial, Rio Branco – Acre, v. 3 n. 3, p. 90-105, ago/dez20

SANTOS, Bruno Antonio Barros. *O negacionismo do racismo*. Disponível em: <https://www.justificando.com/2018/11/21/o-negacionismo-do-racismo/>. Acesso em: mês. ANO.

SOUZA, Jessé. *A doença do Brasil é o ódio de classe*. Istoé, 17/08/2018. Disponível em: <https://istoe.com.br/a-doenca-do-brasil-e-o-odio-de-classe/>. Acesso em: mês. ANO.

THEODORO, Mário. *As relações raciais, o racismo e as políticas públicas*. Brasília, Revista de Estudos & Pesquisas sobre as Américas, vol. 8, núm. 1, 2014.

UNICEF. *O impacto do racismo na infância*. Brasília: 2010.

VARGAS, Tainá Machado. *Como a negligência do Estado age nas feridas raciais das trabalhadoras que promovem o cuidado durante a pandemia de covid-19*. DMT em Debate, [S. l.], 7 jul. 2020. Disponível em: <http://www.dmtemdebate.com.br/como-a-negligencia-do-estado-age-nas-feridas-raciais-das-trabalhadoras-que-promovem-o-cuidado-durante-a-pandemia-de-covid-19/>. Acesso em: 2 out. 2020.

YAZBEK, Maria Carmelita. Serviço Social e pobreza. *Katálysis*, Florianópolis, v.13, n. 2, p.153-154, 2010.

YAZBEK, Maria Carmelita. Pobreza no Brasil contemporâneo e formas de seu enfrentamento. *Serviço Social & Sociedade*, São Paulo, n.110, p. 288-322, 2012.

- editoraletramento
- editoraletramento.com.br
- editoraletramento
- company/grupoeditorialletramento
- grupoletramento
- contato@editoraletramento.com.br

- editoracasadodireito.com
- casadodireitoed
- casadodireito